伝え方の作法

どんな相手からも一目置かれる63の心得

池上 彰・佐藤 優

SB新書
536

はじめに

今、人との関わり方が大きく変わりつつあります。

新型コロナウイルス感染症の影響に伴い、私たちのコミュニケーションのかたちも変化しています。一言で表すならば、**変化しているのは「人との距離感」**でしょう。

「距離感」はつねに人間関係の一大テーマとして扱われてきましたが、それはどちらかというと精神面、いわば「観念的な距離感」でした。しかし今、私たちが直面しているのは、より「身体的、物理的な距離感」の変化です。

以前ならば、コミュニケーションといえば直に会って話すことでした。日本には欧米のような挨拶のキスやハグの習慣こそありませんが、顔を合わせ、膝を交えて語り合うという親密なコミュニケーションは、誰もが当たり前に行っていました。

それが今ではリモートワークでモニター越しに話す局面が増えている。直に会うときはフィジカルディスタンス（物理的距離）を保たなくてはいけない。このようなご時世にあって、距離感というテーマはいっそう重要な意味合いを帯びつつ、私たちのコミュニケーションのあり方に変化を求めているのだと思います。

そうしたなかで、**「話し方」や「聞き方」といった、いわゆる従来型の「コミュニケーションのテクニック」以外にも気を配るべきポイントがたくさんあります。**

たとえば表情、声の大きさ、声色など、いっそう多角的に「しっかりと伝えたいことを伝える」能力を磨く必要があるでしょう。

また、「何気なく発した一言」が仇となり、気づかないうちに自分の評価を下げてしまう。そのような事態が、今ではなおのこと、いつ誰の身に起こってもおかしくありません。

画面越しでは「その場の雰囲気で察する」ということが対面時よりも難しいものですから、発する「言葉」そのものの重みも、いやがうえにも増しているのです。

他方、**世の中がどれほど変化しようと変わらない、普遍的なコミュニケーションの要諦も、もちろんあります。**

コミュニケーションというと、まず「嫌われないようにすること」「好かれること」「仲良くすること」を思い浮かべるかもしれません。重要なことですが、どんな相手からも一目置かれる人はそれだけではありません。

他者からの信頼は財産です。相手に深く切り込み、仲良くする以上に相手から信頼される。それでこそ人との関わりは、自分の人生においてさまざまなかたちで結実するのです。

では、仲良くする以上に相手から信頼されるには、どのようにすればいいでしょうか。

コミュニケーションには、いってみれば「平時のコミュニケーション」と「有事のコミュニケーション」があります。

相手と仲良くするのは「平時のコミュニケーション」。一方、「有事のコミュニケーション」とは、状況によっては強く出たり、相手の懐に飛び込んで得たい情報を引き出したり、言うべきことをはっきり言ったりすることです。これら両輪の力を持つ人こそが、相手の信頼を勝ち取り、どんな相手からも一目置かれる人となっていくのです。

本書では、こうした共通の問題意識のもと、これからの時代を生き抜くビジネスパーソンに求められるであろう「伝え方の作法」について佐藤優さんと語り合いました。

また、読者がより実践しやすいように、構成上の工夫も凝らしました。

平時の伝え方の章（1、3、5、7章）では、私、池上彰がメインの話し手となり、佐藤さんにノウハウを引き出していただきました。

外交官として並み居る各国要人と渡り合ってきた交渉のプロフェッショナル、佐藤さんには有事の伝え方の章（2、4、6章）で話し手となっていただき、私は聞き手として率直に、さまざまな質問をぶつけてみました。

お互いに聞き手となることで、自分が得意とするものとは対照的な伝え方のノウハウを一から学ぶことができました。


読者にとっては、**きわめて今日的なリモートワークでの伝え方をはじめ、雑談、プレゼン、メール、交渉など、あらゆる場面に役立つノウハウが詰まった「新しい時代の伝え方の教科書」**になっていると思います。

どのように伝え、信頼され、一目置かれるか。こういうと「術」に拠ったものととらえられがちですが、本来、人間関係は小手先の技で何とかなるものではありません。私たちが日ごろ仕事人として大事にしているところも、ぜひノウハウとともに感じ取ってください。
本書が、真の伝え方の作法を身につける手助けとなれば幸いです。

池上 彰

CONTENTS

はじめに（池上 彰）……3

プロローグ

これからの伝え方の作法

「距離感」を前提とした時代の伝え方……18
アイコンタクトとしぐさで語る
目線は「見つめず、そらさず」
モニターに映る相手を見てはいけない
ニューノーマル時代のコミュニケーション能力……26
限られた情報から人となりを察知する
会話に雑音を入れない
「無下にできない人」との会話はリモート一択
「会って話す」ことの価値……33
会う／会わないに加わった第3の選択肢
「人」＋「場面」でコミュニケーションを選ぶ
見えない部分の装いで印象が決まる……36
リモートでの不作法は信用問題
話す前に、よい緊張感を高めておく

私たちが毎日やっているリモートツール使い分けの極意……43
授業はZoom、打ち合わせはTeams
総合的にはZoomがいちばん便利
これからの伝え方の作法 7つの心得……46

第1章 初対面で好印象を与える伝え方

初対面にぴったりの話題、ご法度の話題……48
名刺は会話のきっかけの宝庫
高校までの話はOK、大学の話はNG
心地よい空気を作る自己紹介……51
みんなが笑える「鉄板自虐ネタ」を持つ
笑いを取ろうとして失敗する人の共通点
あがらない、会話がとぎれない「おばちゃん力」……56
「……。」を作らない雑談術
つかみを意識して話す
どんな相手とも打ち解ける言葉遣い……61
ふと崩れた言い回しで心の距離が近づく

はじめから敬語を崩してはいけない
「教えてください」の姿勢で相談する……66
下から見上げて「リスペクト光線」を出す
巧い聞き手のまねをする
初対面で好印象を与える伝え方 7つの心得……72

第2章 ほしい情報を引き出す伝え方

本心に先回りして懐に飛び込む……74
聞く力があれば、どんな情報でも取れる
自分の話は極力しない
愛想よくしても、みなまで言わない
思い通りに聞き出す力……80
宗教・政治の話は2大タブー
雑談は無邪気に振ってはいけない
「流行りの話題」は必ず押さえる
懐に飛び込む、事前の準備……86
話す前に7割決まる
仕事の基礎知識を語れるようにしておく

「権限」をはっきり示す
「嘘っぽい話」は禁じ手 …… 91
「できないかもしれないこと」は約束しない
誠実さで予防線を張る
最適な話し相手を選ぶ …… 96
「相性が合わない人」を切る勇気
「何でも話せる空気」を作り出す
ほしい情報を引き出す伝え方 7つの心得 …… 100

第3章 わかりやすく伝える話し方

必ず伝わる「わかりやすい説明」5か条 …… 102
まず、何を伝えたいか把握する
話を噛み砕く、置き換える、絵にする
メッセージをパズルのピースに分解する
わかりやすさには2種類ある
わかりやすさが正義とは限らない …… 111
あぶない「わかりやすさ」
「ざっくり説明します」の落とし穴

「第三者」の目を通したうえで伝える
シンプルに「要点」を伝えるコツ …… 117
言い回しを自在に使い分ける
「伝えたい一文」は驚くほど短く
接続詞を使わずに語る
毒舌を吐いていい人、悪い人 …… 124
部下や後輩に怒ってはいけないのか
ほめるのは人前、叱るのは1対1
説明力は「知識の運用力」 …… 129
教養がにじみ出る「たとえ話」
話題の引き出しを増やすインプット術
わかりやすく伝える話し方 7つの心得 …… 133

第4章 交渉を有利にすすめる伝え方

交渉は「どうにか折り合いをつける」術 …… 136
対立を回避する「論点ずらし」
合意できなければ、いったん放っておく
「会話をやめた15分間」で流れを変える …… 140

話の腰を折るテクニック「コーヒーブレイク」
感情をリセットし、話者の勢いを削ぐ
「言いにくい話」をするタイミング …… 143
大きく騙すために、小さく信頼させる
ジャーナリストはこうして「オフレコ」を破る
緊急事態の虎の巻「事情変更の法理」 …… 148
「事情が変わったので、約束を守れません」
無理難題にはあくどく返答
「嘘はついていない、事実を言っていないだけ」論法 …… 153
あえて「すべてを明かさない」話し方
「余計な一言」のボーダーライン
自分の首を絞める相づち …… 158
「承知しました」はグレーゾーン
「理解」か「同意」か、はっきり言う
交渉を有利にすすめる伝え方 7つの心得 …… 162

第5章 相手をのせる上手な聞き方

声に出さない相づち …… 164

感嘆、関心、疑問を言葉以外で伝える
「おっしゃる通りです」は言いすぎ注意
人柄が伝わる聞き方……170
なぜあの人と話すと楽しくなるのか
丁寧語、敬語は最初だけでいい
さりげない言い換えで訂正する……174
言い間違いをお詫びさせてはいけない
「処方箋」としての言い換え
数字の誤りは「約」で丸める

第6章

修羅場を乗り切る伝え方

相手をのせる上手な聞き方 7つの心得……181
本性は修羅場で現れる……184
謝るべきでないところは謝らない
予期せぬ謝罪は文面を残さない
相手の嘘には「逃げ道」を作る……189
「嘘の動機」から、真の狙いを見抜く

聞いた話を「ノイズ」と「インフォメーション」に分ける
好かれるだけが能じゃない …… 193
何があっても近づいてはいけない人
「社交辞令」の見分け方、伝え方
戦略的に距離を置く「マニア話」
結束を強める「いいケンカ」 …… 200
もめごとにも価値がある
真っ向勝負からはじまること
修羅場を乗り切る伝え方 7つの心得 …… 204

第7章

誠意を伝える書き方

書き方も過渡期にある …… 206
「様」か「さま」か？
「返信しない」のも、一種の返事 …… 210
手紙もメールも「一方的行為」
「どうしても会いたい人」に何を伝えるか
信頼を勝ち取る書き言葉 …… 214
長い文章は刷り出して読む

小さな表現ひとつが分かれ道
誠意を伝える書き方 7つの心得 …… 218

エピローグ
「言葉以外」で伝える力

TPOに応じた装い、身だしなみ …… 220
相手にゆかりのあるものを身につける
ときには着崩すことで、親しみを持たせる
待ち合わせは「場所の特性」を利用 …… 226
下座から出入口が見えるかどうかが要
どこに座るかで、関係性をコントロールできる
仕事の成果を決める「場所選び」 …… 231
会合・接待にいい店、悪い店
「どこに泊まるか」「どこで食べるか」も評価を左右する
「言葉以外」で伝える力 7つの心得 …… 236

おわりに（佐藤 優） …… 237

プロローグ

これからの伝え方の作法

「距離感」を前提とした時代の伝え方

アイコンタクトとしぐさで語る

佐藤　対人関係において、いかに自分の伝えたいことを伝え、あるいは自分が知りたいことを相手から引き出すか。また、人とどのように接したら一目置いてもらうことができるのか。本書では仕事で必須のコミュニケーションの技法について池上さんと語っていきます。

池上　佐藤さんは外交官、そして現在は作家として、一方で私はジャーナリストとして、日々さまざまな人と接しています。お互いに異なる立場で確立してきた伝え方の作法について語り合うことで、本書の読者が良好な人間関係を築く手助けとなったらいいですね。

佐藤　ではさっそく始めますが、まず本編に入る前のプロローグで触れたいのは、昨今、急激に変化しつつあるコミュニケーションのかたちについてです。新型コロナウイルス（COVID-19）によって引き起こされたパンデミックの影響で、今までの当たり前が当たり前でなくなってきている。劇的な変化は対人関係についても生じています。たとえば、誰もがマスクをしているなか、会話の内容以前の「アイコンタクト」の重要性が増していますね。

池上　マスクをしていると口元が見えない。となると、人と話すとき、何によって相手の感情や思考を推し量るかと言えば「目」しかありませんからね。

佐藤　そのせいだと思いますが、２０２０年の夏は街中でサングラスをしている人をほとんど見かけませんでした。マスクをした上にサングラスをしたら、まったく表情が見えなくなってしまう。まるで昔の過激派のようになってしまいます。

池上　私も以前は外出時にサングラスをかけていましたが、最近ではマスクをしなくてはいけないのでサングラスはかけません。これは余談ですけど、最近、一般の方から声をかけられることが多くなりましたよ。

佐藤　顔のどこを見て人物を判別するかというと、やはり目元なんですよね。一方には、マスクが当たり前になったことで、口紅をしなくて済むから化粧が楽になったと喜んでいる女性が、私の周囲にもいます。

池上　実際、2020年は口紅の売上が激減しましたね。ある小売チェーンでは、2020年4月の口紅の売上が前年同月と比べて6割減という報道もありました。外出自粛で人と会う機会自体が減ったことに加えて、やはりマスク着用というひとつの「ニューノーマル（新しい生活様式）」が定着したことが、とくに口紅の売上が減っている理由と見て間違いなさそうです。その代わり、アイメイクの比重が大きくなっていくかもしれませんね。顔をニカブ（女性が目以外の顔を露出しないためのヴェール）で隠しているイスラム圏の女性が、アイメイクに力を入れるみたいに。

佐藤　このまま当面、マスク生活が続くようなら、その可能性は高いでしょう。コミュニケーションということでいうと、目で会話する——つまり**相手の目から読み取ること、そしてこちらの目（視線）から発信することの両方がかつてないほど重要**になっています。

池上　それは間違いありません。「マスク時代のアイコンタクト」というのは大きなテーマですね。

佐藤　じっと見るとにらみつけているように思われる可能性があるとか、どうやったら愛想よく見えるだろうかとか、あまりにも愛想よくしていると逆に怪しまれるかもしれないとか、いろいろと塩梅が難しいところです。

目線は「見つめず、そらさず」

池上　日本は、もともと「相手の目を見て話す」ということをあまりしない文化なので、アイコンタクトもちょっと工夫したほうがいいでしょう。

佐藤　アイコンタクトひとつとっても、文化的な違いがありますね。

池上　たとえば欧米では、目を合わせないと「この人は腹に一物あるんじゃないか」などと思われやすい。街中やエレベーターなどでも他人ににっこりして、軽く「Hi《ハーイ》」なんて言う。これは「私には敵意がありませんよ」というサインを示すためですから、そういう文化のない日本は、相手に対して敵意がないことを示す必要がないくらい平和とも言えますけれど。

佐藤　日本では、相手の目をじっと見つめると、かえって威圧的と受け取られてしまうかもしれません。

池上　そうですね。だから私は人と話すとき、次のように法則化しています。まず相手の目を見て話し始めたら、途中でボーッと視点をぼやかして、相手の顔の輪郭の外側あたりを見る。そうすると、目をじっと見なくても「あなたのほうを見て話を聞いていますよ」という印象を与えることができます。そして、ときどき自分の手元に目を落としたり、相手の手元を見たりと視線を動かして、大事なときだけグッと相手の目を見るんです。

佐藤　ずっと見つめられてはかえって話しづらくなるでしょうから、目線を相手の顔のあたりでローテーションさせるというのはいい考えですね。これは池上さんご自身が編み出した方法なんですか？

池上　これはキャスター時代に読んだ海外の人気キャスターの本に書いてあって、なるほどと思って取り入れたテクニックが元になっています。撮影スタジオのカメラの上についているタリーランプ（複数あるカメラのうち、どのカメラでとらえているのかを示す赤いランプ）の1メートルくらい先を見ると、視聴者と目が合っているようでありながら、にらみつけている感じにはならないやわらかい目線になる。今ご紹介したのは、そのテクニックの応用です。

モニターに映る相手を見てはいけない

佐藤　「目は口ほどにものを言う」とはいえ、いざ口元を隠してしまうと一気に表情が伝わりにくくなってしまいますよね。

池上　笑っていることを目だけで表現しようとしても、なかなか難しい部分がありまス。解決策となるのはオーバーリアクションです。一生懸命、顔全体で笑顔をつくるようにすると、目しか見えなくても相手には「笑っているな」と伝わりますよ。

佐藤　日本人は表情が乏しいとも言われますが、マスクで顔半分が覆われていることが多い今は、普段よりも表情をしっかりと表現するように意識するのも大事ですね。

池上　今、盛んに取り入れられているリモートミーティングでも、オーバーリアクションは重要です。リアルで相手と直接対面しているとき、「何となくの空気感」で伝わる情報量は侮れません。それがないリモートでは、**表情を大きくするほか、大きくうなずく、あえて手元も画面に映るようにして身振り手振りを加えるなど、オーバーリアクションを心がける。**それだけでもコミュニケーションの充実度はだいぶ違ってくると思います。

複数名でのリモートミーティングでは、モニターに映る相手を見てはいけない

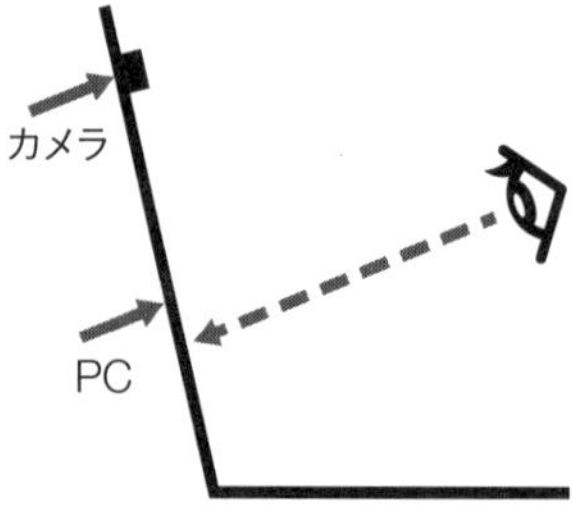

コマ割りで表示される相手を見ると相手からは目線をそらしているように映る

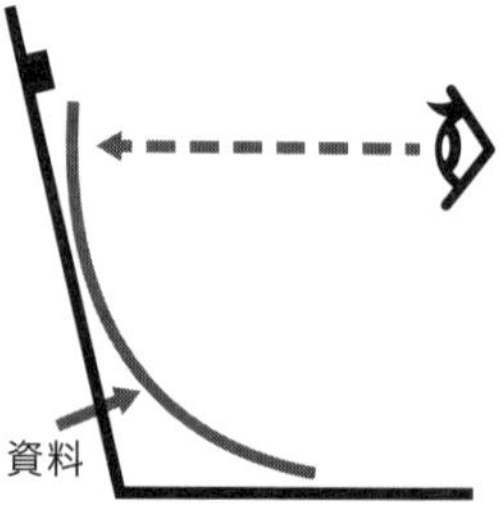

モニターの上に資料を置いてそれを見ながら話すと相手と自然に視線が合う

佐藤　リアルで会う機会が減っているなかで、どう画面越しにうまくコミュニケーションをとるか。これも、コロナ禍を機に大きく変化しつつあり、しかも変化が根付いていかざるを得ないところですね。

池上　ちなみにそのほかで、私がリモートで会話をする際に気をつけているのは、ＰＣのカメラに目線が行くようにすることですね。複数名での打ち合わせでは、ＰＣのスクリーンに相手の顔がコマ割りで表示されるので、無意識のうちに話している相手のほうを見る。するとそのときの自分の様子は、相手の画面上では目をそらしているように映るのです。

佐藤　なるほど。**リモートの場合、対面式の会話と同じ要領で画面に映る話者のほうを見てしまうと、かえって相手から目をそらして聞いているような格好になってしまう**というのは、対面式のコミュニケーションでは起こり得なかったことですね。このような場合、どう対処したらいいと思いますか？

池上　たとえば、**ＰＣ画面の上に打ち合わせ用の資料を置いて話す。**相手の顔は見えにくくなりますが、こうするとＰＣのカメラに自然と目線が行きます。このようにちょっとしたコツを意識することで、相手に好印象を与えることができるのです。

ニューノーマル時代のコミュニケーション能力

限られた情報から人となりを察知する

佐藤　池上さんは、パンデミックやウイルスに関する著作も出されています。そこでぜひ見解をお聞きしたいのですが、この新型コロナウイルス感染症は今後半年や1年で収束するものではありませんよね。

池上　感染力が強く、重症化すれば死に至る危険性もあるという非常に厄介なウイルスです。後遺症をもたらす症例も指摘されている。ワクチンについては複数の製薬会社から臨床治験で高い有効性を示したという報告が出されていて、各国で承認されていますが、収束にはまだ時間がかかると見たほうがいいでしょうね。

佐藤　日本でも厚生労働省が、米・ファイザー社のワクチンの製造、販売を承認しましたね。しかし、本当に有効なワクチンが完成しても、そこから今度は世界中でワクチン争奪戦が起こるでしょう。そうなると本当に落ち着くまでは数年単位で考えなくてはいけませんから、今まさに起こっているさまざまな変化も一過性のものではなく、世の中に根付いていかざるを得ないものだと思います。

池上　そうですね。人類にとっては今までの「普通」を変化させながらの長期戦になりますから、収束したらすべて元通り、というわけにはいかないでしょう。**新しいコミュニケーション形態、新しい生活習慣が根付いていく**と思われます。

佐藤　社会人にとって大きな変化のひとつはやはり、リモートワークが一部、取り入れられたことでしょう。自宅やシェアオフィスなど会社以外の場所で働くことで、仕事だけでなく家庭生活にも大なり小なり影響が出ている。この昨今のリモートワークの普及について、池上さんはどうとらえていますか。

池上　私個人の印象からお話しすると、新しい能力が求められているなと思いますね。過去に直接お会いしている人や仕事をご一緒している人ならば、ある程度、その人がどういう人なのかわかっていますから、リモートでやり取りしてもほとんど支障を感じません。でも最近は初対面から仕事が終わるまでリモートで、というケースも増えてきていて、そうなると相手が本当のところどういう人なのかが見えにくい。対面だと自然と踏み込んだ話もできるのですが、リモートだと、ありきたりの表面的な話で終始してしまいがちですね。

佐藤　まさにリモートの難点はそこにありますね。慣れの問題もあるとは思いますが、やっぱり直接対面しているのと同じようにはいきません。

池上　たとえば佐藤さんとは何度もお会いして、「ここだけの話」やプライベートの話もいろいろとしてきたので、佐藤さんがどういう人なのかはよくわかっているつもりです。だから、こうして佐藤さんと画面越しにお話ししていても（※編集部注・本書の対談はリモートで行われました）、「ここではこういう言い方をしているけど、本当はこういう意味なんだろうな」というのも含めて意図や真意を推し量ることができる。

佐藤　私も同じです。

池上　ですよね。だからこそリモートでもスムーズにいくわけですけど、初対面からリモートだと警戒心や慎重さが先立って、「こんな言い方をしたら誤解されてしまわないだろうか」などと、手探りにならざるを得ません。

佐藤　**初対面では多少なりとも慎重になるものですが、リモートだとなおさら**です。

池上　それは先方も同じでしょうから、お互いにおそるおそる話をしながら神経を研ぎ澄まして「本当のところはどうなんだろうか」などと推察しなくてはいけない。ときには先方の照明が暗くて、相手の表情がいまひとつわからなかったりして、難しいところがあります。「リモート時代の人間観察力」とでも呼んだらいいのか、先ほど「新しい能力が求められている」と言ったのは、そういうわけです。

会話に雑音を入れない

佐藤　私も池上さんの見方と基本的には同意見です。ただ一方でリモートには、リアルでのコミュニケーションでは得られないメリットもあると思います。ひとつは、リモートには相手の仕事を見極めやすいという側面もあるのではないか、ということ。なぜなら、相手が見せてくる資料や話している内容など、見るべきところにだけ集中して判断できるからです。

池上　なるほど。表情がわかりづらいなどの難点はありますが、そのぶんノイズも遮断されますね。**相手の「人間性」は見えづらくても、「仕事」の出来不出来は逆に浮き上がってくる、**と言ってもいいかもしれません。

佐藤　実際に会っていると雑音的な情報が気になってしまうこともあるでしょう。たとえば、「臭い」って意外と大きなノイズになるのです。相手の息がニンニク臭かったら、「ランチに餃子かニンニクたっぷりのラーメンでも食べたのかな」などと気になってしまって、相手の話が頭に入ってこないかもしれない。

池上　なるほど。相手が目の前にいないので、佐藤さんもおっしゃるように悪い臭いもしなければ良い匂いもしない。リモートだと、そういうコミュニケーション上不要な雑音に惑わされずに済むので、純粋に仕事だけを見て、相手を判断できるというわけですね。

「無下にできない人」との会話はリモート一択

佐藤　もうひとつ、私が思うリモートのメリットは「**深く付き合う余裕も必要性もない、とはいえ無下にもできない**」**という相手とはリモートで済ませられる**ことです。

池上　たしかにそういう人も、なかにはいますよね。

佐藤　はい。ちょっと小難しい話をすると、かつてユダヤ系オーストリア人のマルティン・ブーバーという宗教哲学者は、人間の態度とは根源的に、きわめてよそよそしい「我とそれ」(「Ich-es」、英語では「I-it」)と、きわめて親しい「我と汝」(「Ich-du」、英語では「I-thou」）という対照的な2種類であると唱えました。これを「根源的対偶語」というのですが、後年、アメリカのある神学者が「I-you」を加えた。「I-you」というのは、ブーバーのいう「我とそれ」と「我と汝」の間に位置づけられる概念です。

池上　それこそ「そこそこ」くらいの関係性ですね。だから、あくまでも「I-you」くらいにとどめ、きわめて親しい「I-thou」にしない。**よそよそしくしたくはないが、そこまで親しくなりたいわけでもない、という相手にはリモートが適している。**

佐藤　池上さんもそうだと思いますが、仕事上、新しい人と知り合うことにあまり時間と労力をかけられないことってありますよね。私自身も年齢を重ねるにつれて、新規の人脈を開拓することにはそれほど関心がもてなくなってきています。ただ、いまだに好奇心はあるから、新しい付き合いを完全には遮断したくない。

池上　わかります。そこそこの付き合いくらいがちょうどいいなと思うことは、私もありますよ。

佐藤　「そこそこのお付き合い」って、一度対面してしまうとなかなか難しいんです。でも「一度ご挨拶にお伺いさせてください」と言われても、そこそこの付き合いでいいなと思う相手には、深い付き合いにならないように「いえいえ、リモートで結構です」

で済ませられる。

池上　これは、ある程度の距離を保ちながら対人関係を構築する、新しいかたちといえますね。

佐藤　そう思います。**付き合う人を「我とそれ」「我とあなた」「我と汝」の3通りくらいに分けるとしたら、非常にリモートのメリットは大きい。**無駄な接触を減らし、一定の距離を保つのに労力がいらないわけです。

「会って話す」ことの価値

会う／会わないに加わった第3の選択肢

池上　直に会わずに済ませられるという意味では、女性にとってもリモートの普及はいいことだと思いますね。たとえば仕事の上下関係や利害関係のある人に誘われたら、パワハラ、セクハラ的な振る舞いをしてくる相手であっても、無下に断れない。リアルが基本だと、勇気を出して「断る」か、少しの我慢と思って「行く」か、2つの選択肢しかありません。しかし断ったら仕事に支障が出るかもしれないし、行ったら行ったで大変不本意な目に遭う危険がある。

佐藤　もちろん、パワハラ、セクハラめいた振る舞いが常習化している人物なら、本をただせば相手のほうが悪いわけですが、そういう不埒な輩がいることは事実です。女性は対抗策をもっておいたほうがいいですね。

池上　そんななかで、リモートという第三の道を選べる。自分の身を守りながら、しかし顔を見ながら話すということができるわけです。**「この人、あぶないな」と思ったら、「リモートにしましょう」と提案するというのは、非常にいい護身術**だと思いますよ。

佐藤　重要なポイントは、リアルでもリモートでも、「成果物の質」は変わらないことですね。たとえば編集者の場合、取材相手に会いに行く移動費や、打ち合わせのカフェ代、取材場所のホテルの会議室やラウンジの費用などの経費はばかになりません。それがリモートになるとほぼ、タダになる。

池上　もちろんリモートミーティングのための初期投資や維持費は多少かかりますが、今、佐藤さんが挙げたような諸経費よりはずっと低く抑えられるはずです。

佐藤　それでいて、リアルで取材するのとリモートで取材するのとで成果物としての原稿の質が変わらないとしたら、**資本主義の論理からしてリモートが根付いていくのは必然**と思います。

「人」＋「場面」でコミュニケーションを選ぶ

佐藤　一方、池上さんが最初におっしゃっていたことに戻るのですが、やっぱりリアルには代えがたい、というところもありますよね。言い換えれば、リモートが普及しているぶん、リアルの位置づけが今まで以上に高くなると思います。直に相対していないと聞けないような本音の深い部分に触れられるとか、リアルなコミュニケーションの価値ってものすごく高まりますよね。

池上 そうですね。**誰と、どういう場合ならばリアルで会いたいか。読者は、その点も意識するといい**かもしれません。

佐藤 「人」＋「オケージョン（場面）」によって、リモートとリアル、どちらの形態をとるか。あるいは割合として、どれくらいをリアルで、どれくらいをリモートにするか。結果として、その相手が自分にとってどういう位置づけかというのも見えてきますよね。いつもリアルで会いたい相手は、自分にとって非常に重要な人。「リモートでもいいか」と思う相手は、そこそこの付き合いでもいい人。こうしたことを見極めることも、新時代に求められる能力だと思います。

見えない部分の装いで印象が決まる

リモートでの不作法は信用問題

池上　リモートワークというと、自宅から会議などに参加しているからこその失敗談も多く発生しているようです。アメリカのテレビレポーターが自宅から中継しているときに、上半身はきちんとしたスーツなんだけど、ちょっとしたところで下半身が映ったら下着だけだったとバレてしまったとか。

佐藤　その**「ちょっとしたところ」というのが、リモートだと本来は見えないはずなのですが、見えてしまったときに失うものが非常に大きい。**

池上　海外では、政治家が飼っている猫がリモート会議中に乱入して参加者の笑いを誘った、なんていうほのぼのとしたエピソードもありますけどね。

佐藤　そういうのは微笑ましくていいですね。しかし日本の会社員の場合だと、池上さんがまさに今おっしゃったような、たとえば上半身はスーツで下半身はパジャマというのがバレてしまったという類いのハプニングは笑い話では済まされません。

池上　ですよね。場合によっては人事評価に影響を及ぼす可能性もあるでしょう。

佐藤　私の場合、まずい姿を見てしまった人はとくに指摘はせず、ただ「この人は見えている部分だけ取り繕《つくろ》う人なんだな」と思うだけです。リモートでは顔色を調整したり背景をカスタマイズしたりと、ある種、偽装ができる。

個人的には、仕事でやり取りする相手とのリモートミーティングで、自分のいる部屋をそのまま見せず、バーチャル背景を使って登場する人は、「何か隠し事があるかもしれない」と感じることがあります。そして万が一、「見せたくないもの」が相手に見えてしまったときに失うものは、対面式で会ったときより大きいと言えるでしょう。

池上　**対面だと、目に見えている姿、耳に聞こえている言葉以外のところで、じつはいろいろな面がカバーできている**わけですね。

佐藤　その人がまとっている空気感——たとえば「愛嬌のある人だな」「真面目そうな人だな」「不器用だけど人柄はよさそうだな」などと相手に感じさせる要素も、直接対面して話す場合にはひとつのコミュニケーションツールになりますね。

池上　はい。だから、ちょっと抜けているところがあっても、その人の空気感を相手が好ましいと感じていたら、許されることも多いし、場合によっては打ち解けるきっかけにもなり得る。言葉遣いなどもそうですね。少し礼を失するところがあろうとも、対面であれば、「悪気があるわけではないだろう」「まだ不慣れなようだけど、真面目に取り組んでくれているからまあいいか」などと目をつぶってもらえる。だけどリモートだと、まさに自分が発する言葉、それ自体が問われることになります。コミュニケーション上の「余白」が乏しい。

佐藤　そうなると事前の準備というか、**「心の用意を整える」ことも含めて「備える」というのも非常に重要**ですね。リモートミーティングは自宅から参加する場合も多いでしょうから、その気になれば、ミーティングが始まる5分前に起床しても参加はできる。でも、それだとボロが出る可能性が高くなるでしょう。

池上　相手に発した言葉それ自体の内容が問われるからこそ、しっかり言葉を使うための心の準備の必要性はいっそう増しますね。

話す前に、よい緊張感を高めておく

池上　仕事で人と話す際には「緊張感」というものがつきものです。とくに初対面で言えることですが、最初に相手に手紙を送るなり電話をかけるなりメールを送るなりして、「私はこういう者です」と自己紹介をしながら話を進め、いよいよ会うという段に入る。

佐藤　そうですね。そしてリアルならば、ちゃんと支度をして出かけ、移動中に心の準備をして、いよいよ対面する、というプロセスがあります。

池上　ところが、**リモートでは手を抜こうと思えばできてしまう。すると、リアルに比べて緊張感が欠けた状態で大事なミーティングに入るということにもなりかねない**わけです。

佐藤　リモートだと、ビデオ参加するか音声だけで参加するかを選択できますよね。ビデオ参加のほうがデータ容量を食うので、支度する時間がなくて寝起きみたいな状態で参加するときには「ちょっと通信が不安定なので」と言い訳してビデオをオフにしたまま、声のみで登場することもできます。

池上　そういう「もっともらしい理由」をつけて、だらしない姿を見せないようにしている人、きっと多いと思います。

佐藤　実際、私が教えている大学のリモート講義でも、そう言って始めからビデオを切っている学生がいる。でも、こちらとしては了承しつつも内心、「なるほど、見せられない姿なんだな」と思ってしまいますね。

池上　前に、佐藤さんとこんな話をしたこともありますね。リタイアした男たちがいちばんうれしいのは、朝寝坊してパジャマ姿で1日ゴロゴロしていられることかもしれないけれど、やっぱり朝はちゃんと起きて顔を洗って髭を剃り、着替えることが大事だよね、と。

佐藤　覚えています。同じことは、リモートにも言えるのではないでしょうか。

池上　まさにその通りで、男性も女性も関係なく、対面で会うときと同様に身支度を整える。**ある程度の時間をかけて、ミーティングという「戦い」に向けて武装してから取り掛かるというようにしたほうが、ミーティング相手にどのような言葉を使って何を伝えるか、という頭も働きやすい**と思います。

佐藤　私はビデオのオン／オフはとくに学生に指定していないのですが、ビデオを切っている学生ほど、プレゼンの質が低いという傾向が見られます。それも池上さんのおっしゃる「事前の緊張感」が乏しいことが原因かもしれませんね。緊張感を保って準備していないから、自信をもって話せない。

池上　私は大学のリモート講義では必ず最初に「みなさん、ビデオをオンにして元気な顔を見せてください」と言います。それでも見せない学生がいますね。出席を取られるかもしれないから一応参加しているだけで、パソコンの前にいない可能性もある。

佐藤　なりすましの可能性もあります。

池上　なるほど、ある種の「代返」ですね。私は、ちょっと意地悪かもしれないけど、次のような「抜き打ちテスト」をすることがあります。時間がきて「これで終わります」と言ってからもしばらく接続を切らないでおくんです。すると、一向にミーティングから退室しない学生がいる。授業が終わったことに気づいていないのでしょう。ちゃんとパソコンの前で授業を受けていれば、授業が終了してすぐに退室するはずですから、ずっと名前が表示されている学生はシステム上で参加しているだけで、授業は聞いていないんだなとわかってしまいますね。

佐藤　口に出して指摘するかは別として、そのあたりを教師は注意深く見ているものですよね。

池上　はい。ビデオがオンになっていても、平気で大あくびをしたり、画面上で別のことをしているのが見え見えだったり……。100人くらい受講生がいると、まさか先生が自分を見ているとは思わないのかもしれませんが、じつは全部見えているのです。

佐藤　**リモートは手軽なぶん緊張感が失われやすい。緊張感が抜けた瞬間をとくに指摘はしないけれど、相手はそういった場面で人物を判断している、**ということですね。

私たちが毎日やっているリモートツール使い分けの極意

授業はZoom、打ち合わせはTeams

佐藤　リモートワークの普及に伴って、オンライン会議ツールの一般的なリテラシーも上がったのではないかと思います。いろいろなツールがありますが、池上さんはシチュエーションごとに使い分けをされていますか？

池上　私の場合は、大学の授業は基本的にZoomです。大学の大教室で「質問はありますか？」と聞いてもなかなか手が挙がらないのですが、Zoomのチャット欄だと質問しやすいようですね。授業中に質問が書き込まれたら「今、こういう質問があったので答えますね」ともっていくこともできるので、Zoomのチャット機能によって、より話し手と聞き手のやり取りが活発な授業が可能になっています。他方、テレビ局との打ち合わせはTeamsかGoogle Meetですね。

佐藤　Skype や FaceTime はどうですか？

池上　少人数の打ち合わせで Skype を使ったこともありますし、佐藤さんとは FaceTime でお話ししたこともありますよね。でも普段よく使うものというと、**大学の授業は Zoom、テレビ局では Teams という使い分け**です。

佐藤　**私も大学関係は、大学側の指定で Zoom** を使っています。自分のゼミだけは Teams を使っていますが、少人数ならば昔から使い慣れている Skype を使うこともあります。FaceTime もよく使います。Apple ユーザー同士の閉鎖型ツールであり、セキュリティ関係で難しい設定をせずに、すぐに使えるから。基本的にはこの4つですね。

総合的にはZoomがいちばん便利

佐藤　一般的によく使われているのは、今も挙がった Zoom、Skype、Teams、FaceTime、それと Google Meet ではないかと思います。Zoom は一時期、セキュリティの脆弱性が問題になっていたので、セキュリティが気になる人は Teams を使う傾向があったようです。セキュリティ面でもっとも安全とされているのは Google Meet と聞いたことがありますけど、そうなると今度は、ちょっと使いづらいところが出てくる。そのほかのツールと比べて、まだ使い慣れている人が少ない感じがします。

池上　簡易的なものはセキュリティ面が甘く、セキュリティ面で手堅いものは使いにくいという、バランスから判断して、用途次第で何を使うかを選ぶといいかもしれません。それと今、挙がったツールは、すべて画面共有できる。自分の手元で表示している資料を相手にも見せながら会話できるという機能は非常に便利ですよね。

佐藤　**資料に書き込む必要がある場合は各々で刷り出したほうがいいのですが、見ているだけでいい資料は、やはり画面共有機能を使うと便利**ですね。オンライン会議ツールは今、本当にたくさんありますが、今挙がったなかでいちばんシンプルかつ使いやすいのはZoomではないでしょうか。

池上　周りを見ていても、Zoomを使う人が多い印象です。

佐藤　それもそのはずで、Google Meetはグーグル社、TeamsとSkypeはマイクロソフト社、FaceTimeはApple社の数あるなかの一事業ですが、Zoomはこのサービス1本で勝負している。オンライン会議だけに特化して生き残ろうとしているからこそ、ほかとは緊張感とエネルギーが違います。こういう会社は強いと思いますよ。

プロローグ　まとめ

これからの伝え方の作法 7つの心得

心得 1／相手の視線から読み取ることと、自分の視線で伝えることを両輪で意識する。

心得 2／目線を相手の顔のあたりでローテーションさせると、程よく目を合わせることができる。

心得 3／リモートでは表情をきちんと見せる、しっかりうなずく、手元も画面に映すなどリアクションを大きくする。

心得 4／リモートミーティング相手と視線を合わせるために、PC 画面の上に資料を置いて見ながら話す。

心得 5／親しくなりたくないが無下にもできない相手と「会う」有効手段として、リモートを提案する。

心得 6／話者の言動以外から伝わる情報が、対面時よりも少ないリモートでは、話す前に心の用意を整える。

心得 7／説明する相手が書き込む必要のない資料は、リモートでは「画面共有」すると親切。

第 1 章

初対面で好印象を与える伝え方

初対面にぴったりの話題、ご法度の話題

名刺は会話のきっかけの宝庫

佐藤　プロローグでは、パンデミックという外的要因によって急激に起こったコミュニケーション法の変化にフォーカスしてお話ししましたが、本章からは、リアルでもリモートでも普遍的な伝え方の作法について語っていきます。

池上　マスク、リモートという要素を踏まえてコミュニケーションを考えることは重要ですが、そうした時代の変化によらず身につけておきたい技法もあります。

佐藤　というわけで本章は「第一印象」をメインにお話ししていきましょう。時代がいかに移り変わろうとも、第一印象は必ず仕事相手との今後の関係性を大きく左右します。池上さんは、初対面のときにどんなことを心がけていますか？

池上　まず言えるのは「はじめまして」と名刺を交換した瞬間ですね。名刺交換の際、

多くの人が相手の名前を確認するだけで終わらせてしまうのですが、**名前って、じつは相手との距離を縮める最初の会話のきっかけになり得る**のです。

佐藤　名前にはいろいろな情報が含まれていますからね。何もわからなければ「素敵なお名前ですね」だけでもいいでしょう。

池上　名前をほめられて嫌な気持ちになる人はいませんからね。あるいは特定の地方に多い名字だったら、出身地の話を振ることができます。たとえば「吉川」と書いて「キッカワ」と読む名前は中国地方に多いので、「ひょっとして中国地方のご出身ですか？」と聞いてみる。ずばり当たると、それだけでも親近感が増して、第一印象をグンとよくすることができるでしょう。

佐藤　そこで話が盛り上がりすぎて、ほかの人が置いてけぼりになったり、貴重な打ち合わせ時間が削られたりするのは避けなくてはいけないでしょうけどね。

高校までの話はOK、大学の話はNG

池上　あるいは相手の微妙な言葉のイントネーションから、「もしかしたら自分と近い出身地だろうか」と感じたら、「ひょっとして〇〇のほうのご出身ですか」などと聞いてみるのもいいですね。

佐藤　人間誰しも、初対面では何か共通点を見つけて、それをきっかけに親しくなろうとしますよね。「この人とは、どんな共通点があるだろう？」と探して、見つけて話を展開させるというのは、たしかに相手と意気投合する重要なテクニックです。

池上　ただ、**ここで失敗しやすいのは、「どちらの大学出身ですか」と聞いてしまうこと。**高校までだったら半ば出身地の延長で無害な話題といえますが、出身大学は聞かれたくないという人も多い。同じ大学出身者とわかって親近感が湧くこともあるとはいえ、この話題は避けたほうが無難でしょうね。

心地よい空気を作る自己紹介

みんなが笑える「鉄板自虐ネタ」を持つ

佐藤　初対面では挨拶を交わすだけでなく、自己紹介することもありますね。もちろん著名人の池上さんが自己紹介するシチュエーションはもう少ないかもしれませんが、たとえば社会人が取引先の人とはじめて会ったとき、あるいは大勢の前に立ったときに、好印象をもってもらえるような自己紹介のコツはありますか？

池上　「自虐ネタをひとつ入れよう」ということですね。人は誰しも心のどこかで自慢したいと思っているものです。自慢話は決していい印象を抱かれない、そうわかってはいても、つい過去の手柄などを披露したくなる。

佐藤　その欲求に流されないためにも、「自分はこういうところが苦手なんだ」とか、あるいは「駆け出しのころにこんな失敗をした」とか何かしら自虐ネタを話すというの

池上流・初めて会った相手との会話のはじめ方

①相手の名前をネタに雑談

- 地域色の強い名字の場合
  - ▶「ひょっとして●●のご出身ですか？」
- 名前にフックが特にない場合
  - ▶「素敵なお名前ですね！」

②相手のイントネーションを把握

- 自分と似たイントネーションの場合
  - ▶「●●（自分の出身地）のほうのご出身ですか？」

③高校時代までのネタを振る

- 出身小学校、中学校、高校の話
- 部活動の話
- 習い事の話　など

④自己紹介ではみんなが笑える自虐ネタを入れる

▶場の雰囲気がよくなる

は大事ですね。

池上　はい。自慢話は疎ましがられますが、失敗話はたいていおもしろがられ、失敗談から親しみやすい一面が垣間見えることで好感度が高まるのです。

佐藤　自慢というのは言い換えれば自己アピールの一種ですが、自己アピールしようと躍起になるほどかえって逆効果になる。初対面での自己紹介ならなおのこと、その場ではがっつきすぎずに、むしろ自分を多少落とすくらいがいいわけですね。ではどんな自虐ネタを話すか、ですが、私の場合はもう決まっていて、塀の中にいたときの話をすればいいんです。

池上　こう言ってはなんですけど、佐藤さんはこれを言えば外さないという、いわゆる「鉄板ネタ」をすでにもっている。しかも「私が塀の中にいたとき」「私が捕まったとき」といった話は、続きが聞きたくなります。

佐藤　このネタは受けがいいと同時に、自己防衛にもなっていますね。1回でも捕まった経験があると「かわいそうな人」という印象が強くなるからか、攻撃されにくい。雑誌の特集などで「佐藤 優」が集中砲火を浴びることが意外とないのは、それが一因だと思っています。「かわいそう」というのは、相手を見下しているわけですが、ともあれ「運悪く捕まってしまった人」というパブリックイメージが、対人関係上の予防線になっているのです。

笑いを取ろうとして失敗する人の共通点

佐藤　池上さんご自身はどうでしょう。逆に自虐ネタに困ったりしませんか？

池上　いやいや、私にもネタは山ほどありますよ。記者時代の失敗談にキャスター時代の失敗談、いろいろあるわけですが、なかでもいくつか定番があります。

佐藤　読者も過去をちょっと振り返ってみて、**「こういうときは、これを話そう」という自虐の定番ネタをいくつか決めておく**といいかもしれません。

池上　それがいいですね。ただ1点、自虐ネタで気をつけなくてはいけないのは、自分の失敗によって人を傷つけてしまった、という類いの話をしてはいけないということです。おもしろがってもらうために自虐ネタを披露するわけだから、周りが笑えない話はダメ。「こんな失敗をした私は、なんてバカだったんだろう」と、自分の滑稽さを笑えるようなネタがいいですね。

佐藤　それは非常に重要なポイントだと思います。**笑いを取ろうとして失敗する人は無意識のうちに、笑うどころか場が凍りついてしまう話をしてしまっている**のでしょう。池上さんは実際、どのような話をするんですか？

池上　私がキャスターになったばかりのころ、突然、マイクの音声システムがダウンしてしまったことがあります。スタジオに飛び込んできたスタッフに知らされた私は、慌てず騒がず、落ち着き払って「今、マイクのシステムの不具合により、私の声がみなさんに聞こえていません。復旧までもう少しお待ちください」と言い続けました。

佐藤　平静そのものだったのに、自分でも気づかないうちに取り乱していた。

池上　そうなんです。必死に視聴者に語りかける、その声が聞こえないという故障が起こっているのに……ということにあとで気づいて「視聴者には、『この人、聞こえていないのに必死でしゃべってる、かわいそうに』と笑われてたんだろうな」「聞こえていない視聴者に呼びかけ続けて、自分はバカだったな。とっさに紙に書いて見せればよかったんだ」と思ったと。こういう話だとみんな笑ってくれるわけです。

佐藤　当の本人としては大変だったでしょうが、これはまさに自分以外、誰も傷つけていない失敗談ですね。

池上　そうです。自己紹介には何かひとつ自虐ネタを入れる。それも**失敗のせいで誰かを傷つけたという話ではなく、ただ純粋に自分のうっかり加減を物語っているような話にすると**、いい空気を作れるし、自分の好感度も自然と高まるということです。

あがらない、会話がとぎれない「おばちゃん力」

「……。」を作らない雑談術

池上　初対面というと「沈黙が怖い。どうしたら間をもたせられるか」という悩みもよく耳にします。沈黙は気まずい、だけど初対面の相手だと緊張して何も話題が浮かばない、という人が多いようなのです。

佐藤　池上さんはもう誰と会っても緊張するということはないでしょう。これは経験による「慣れ」としか言いようがない気もしますが、出会ったばかりの相手と会話をとぎれさせないための秘訣があったら知りたいという人は多いと思います。

池上　私も記者としてキャリアをスタートさせたころには、取材相手を前にガチガチに緊張していましたよ。キャスターとなってテレビに出るようになったころも、カメラの前に出るたびに緊張していました。

佐藤　そんな池上さんが、読者に緊張しないコツを伝授するとしたら何ですか？

池上　緊張しないいちばんの秘訣は、取材相手について調べる、基礎知識を頭に入れておくなど準備を怠らないこと。「相手のことをわかっている」「十分に調べた」というのが自信につながるからです。あとは場数を踏めば、慣れて緊張しなくなるということもある。ただ、**初対面の会話で緊張せずに場をもたせたいという話ならば、鍵は「おばちゃん力」**ですね。これは何でも話題にしてしまう雑談の能力です。この「おばちゃん力」「雑談力」がついたことで、初対面の人と話すのも苦ではなくなりました。

佐藤　「何を話したらいいんだろう」と思うと余計に緊張します。そこで自在に雑談できるようになれば、緊張感は和らぐでしょうね。しかし「おばちゃん力」とは、おもしろい。池上さん考案の言葉でしょうか？

池上　いえ、『週刊こどもニュース』という番組に出演していたころに、スタッフの1人から「池上さんって『おばちゃん力』が強いですね」と言われたことがあるんです。たとえば街中に行列ができていたりすると、「うわあ、これ何の行列ですか？」「もうどれくらい並んでるんですか？」「行列って、なんだか並びたくなっちゃいますよね」なんて、物怖じにせずに話しかけてしまう。そういう様子が関西の「おばちゃん」を連想させたので、「おばちゃん力」と表現したようですね。

佐藤　とても有用な力だと思います。では、それをどうやって身につけようかというと、やはり経験、場数を踏むことでしょうか？

池上　そうですね。どんな内容でもいいですから、とにかく、おしゃべりをして、場数を踏むということです。それと好奇心を強く持つことです。

つかみを意識して話す

池上　**「おばちゃん力」というのはまさに言い得て妙で、全体の傾向で言えばどちらかというと男性のほうが苦手とする領域**です。女性は比較的、知らない人に話しかけるのを苦としない傾向があるけれども、男性は、誰かに紹介されたり、話しかけてもらったりしない限り、なかなか自分からは話しかけられないという人が多いのではないでしょうか。

佐藤　私自身も、知らない人から急に話しかけられるのは苦手ですね。外を歩いていると、読者の方などから呼び止められることがありますが、ありがたい半面、いまだに慣れません。

池上　ある民放の番組が、こんな実験をしたことがあります。互いに見も知らぬ女性グループと男性グループを、それぞれ別のバスに乗せて走らせました。すると女性グループのほうは誰からともなく隣の人に話しかけ始め、バスが走り出して10分もしないうちに雑談に花が咲いている。一方、男性グループのほうは10分経っても、30分経っても、誰も言葉を交わさず、前を見てだんまりを決め込んでいるんです。

佐藤　見知らぬ人との接し方について、男女間で違いがあることを窺い知れますね。

池上　はい。**自分から声をかければ、相手は答えなくては失礼だと思うだろうから当然、会話が生まれる**わけですよね。だから会話を生むには自分から話しかければいいわけなんだけど、男性は、縦社会のなかで生きてきた習性からか、誰かに紹介されれば自分も話す、誰かに話しかけられたら自分も話す、という鎧《よろい》を着ている傾向にあります。

佐藤　ひょっとすると、「どこの馬の骨ともわからないやつになぜ、自分から話しかけなければいけないんだ」という意識が隠れているかもしれません。

池上　そうですね。まずはそのことを自覚して、自分から鎧を脱いでみせる、気さくにおしゃべりしてみるというのを心がけるといいのではないでしょうか。

佐藤　そういうムードメーカー的な人は、どんな相手からも好かれますよね。ちなみに猫の世界では、目を合わせるのは「機嫌が悪い」とか「敵意がある」というサインで、お互いに好意をもっているときは目を合わせずに知らんぷりします。でも人間の世界は違う。つとめて意味のない「おしゃべり」をしてみるのがいいでしょう。

池上　初対面の人と早く打ち解けられるようになりたいなら、とても大事なことです。もし、どうしても挨拶を交わしたあと沈黙になってしまう、**第一声を上げづらいという人は、まず「つかみ」を意識する**といいでしょう。「そうそう、先日、大変なことがあったんです」「じつは、とてもびっくりしたことがありましてね」――こんなふうに相手を「おやっ」と思わせるような一言から始めると、そのあとは、スムーズに雑談できるはずです。

どんな相手とも打ち解ける言葉遣い

ふと崩れた言い回しで心の距離が近づく

池上 人と打ち解けるには、適度に言葉を「崩す」のも効果的です。意図的に崩すというより、ふと言葉が「崩れてしまった」結果として打ち解ける、といったほうがいいですね。もちろん目上の人には敬語をきちんと使えなくてはいけないけれど、そのなかでちょっと丁寧な言葉遣いが崩れる瞬間があると、グッと心理的距離が近くなります。

佐藤 とはいえ、最初から崩れているのはいけませんね。何事にも正しい作法というものがある。

池上 まさにそうです。たとえば、若い人を中心に自分の親のことを「お父さん」「お母さん」と言う人をよく見ますが、対外的な言葉遣いでは、基本的に「父」「母」でなくてはいけません。それがふとした瞬間に「親父」「お袋」と崩れるから親近感が湧く。

敬語という言葉の完全武装をしていた人が、ちょっと鎧を脱いで打ち解けたなという感じになるのです。

若い人で敬語を苦手とする人が多いのは、核家族化が進んで久しいことと、デジタルデバイスが普及したことという2つの社会背景も関係しているように思えます。

佐藤　なるほど。核家族化によって年上の人と身近に接しながら育つという幼少体験がなくなり、そのうえ、デジタルデバイスが普及したことで友だちとダイレクトにつながれるようになり、ますます家族外の大人と直に話す機会が減ってしまった。

池上　はい。かつては祖父母と同居し、近所の年上の人と話すというのも日常的だったので、今よりも当たり前に敬語を使っていました。もちろん誰も最初から正しくは使えませんから、たびたび間違えては「お前、なんだその言葉遣いは」なんて怒られる。こうして社会に出るころには正しい敬語を身につけていたわけですが、今はそのような機会が乏しい。

佐藤　対人関係の心得を学ぶ機会を持てないまま大人になる。社会に出た後、言葉遣いを注意してもらえる機会は多くはありません。

池上　そうなんですよね。また、デジタルデバイスが普及する前は、たとえば同級生の家の電話にかけて「○○さんのお宅でしょうか。私は△△と申しますが、□□くんはいらっしゃいますか」なんていう会話を当然のようにしていた。それが今はスマートフォンで直に友だちにつながるので、友だちの親に敬語で話すという機会もほとんどありません。

佐藤　**「会話の正しい型」を学ぶ機会が乏しいから、適度に崩す以前に、最初から崩れてしまっている。**「守・破・離」と言いますが、話し方も同じです。まず正当な型を覚えて、そのなかで崩れる瞬間があるといいということ。「型破り」というのは型を知っているからできるものであって、型を知らないままでは単なるでたらめになってしまいます。

はじめから敬語を崩してはいけない

佐藤　「守・破・離」というと、人の敬称のつけ方も過渡期かなと思います。欧米の企業は基本的にみんなファーストネームの呼び捨てですから楽ですよね。これは、じつは日本よりも欧米のほうが、対人関係上のヒエラルキーが厳しいからです。

池上　つまり、厳しいヒエラルキーのなかで、立場が上の人の名前を呼ぶストレスをなくすために、少なくとも表面上は友だちみたいに呼び捨てにしている、ということですね。

佐藤　一方、日本の企業では「さん」が基本で、年下の男性を「くん」と呼ぶのが従来は普通でした。しかしそれも変化していて、年下でも「さん」づけで呼ぶことが多くなっているように思えます。女性を「ちゃん」づけで呼ぶのは、論外です。時代の流れですね。

また、以前は外部の人に「○○部長は」と言ったら、きちんとした社員教育を受けていない人間として見なされたものです。外部の人間に対しては、社内の人間に尊称をつけないから、本来なら「部長の○○は」と呼び捨てにするのが正しい。しかし今は、ここまで徹底すると相手に少し冷たい印象を与える可能性があるかもしれません。

池上　今のご時世、それはありますね。言われたほうは、ちゃんとした会社だなと思う半面、社内の人間関係がよそよそしいというか、温かみに欠ける印象を抱くこともあるでしょう。とはいえ、とくにビジネスシーンでは、敬語も含め、**まず正しく言葉を使うことを基本とする。そのなかで不意に言葉が崩れてしまうのはＯＫ、**という心づもりでいるといいと思います。

佐藤　相手の反応が明らかに不愉快そうでなければ、その言葉の崩れによって、むしろ親近感が湧いたんじゃないかととらえてもいいところですよね。

池上　はい。「しまった！」「どうしよう、失礼を働いてしまった」などと気に病む必要はありませんね。

「教えてください」の姿勢で相談する

下から見上げて「リスペクト光線」を出す

池上 相手に気分よく話してもらうには、やはり「聞き上手」になること。「聞き上手」というとインタビューなど特殊なシチュエーションを思い浮かべるかもしれませんが、そうとも限りません。

佐藤 同感です。人は誰しも「自分の話を聞いてもらいたい」という欲求をもっています。初対面の人と早く打ち解けたい、なんていうときにも「聞き上手」の人は非常に有利といっていいでしょう。ではどうやったら「聞き上手」になれるでしょうか。池上さんなら、読者にどうアドバイスしますか？

池上 **最初の大きな一歩は「リスペクト光線」を出すこと**ですね。リスペクトとは「尊敬」、つまり「あなたを尊敬しています」「話を聞かせてください」「教えてください」

という空気を惜しげもなく出す。自分は謙虚に、下から見上げるような感じでいると、**相手は何となく気分がよくなって、なめらかにしゃべり出します。**

佐藤　キラキラとした純粋かつ期待に満ちた目で相手を見つめる。猫がエサをほしがるときの、あの目線ですね。というのは冗談として、私も、外交官時代に「教えてください」の姿勢で他国の要人と接したことは数知れません。ロシア共産党のイリイン第二書記と親しくなったときもそうでした。

池上　イリイン第二書記。1991年、当時のソ連でクーデター未遂事件が発生したとき、混乱を極めるモスクワで「ゴルバチョフは無事だ」という情報を直接、佐藤さんにもたらしてくれた人物ですね。その情報を得た佐藤さんは事件発生直後に世界でただ一人、「ゴルバチョフは生きている」と本国に打電しました。そのイリイン第二書記とは、どのようにして出会ったんですか？

佐藤　はじめて個人的にお話ししたのは、モスクワ赴任中、プロレスラーで参議院議員のアントニオ猪木さんがモスクワに来られたときに開かれたパーティーでのことです。誠実で正直、かつ慎重という人柄が感じられ、「ああ、この人とは波長が合うな」と思いました。まず名刺を交換させてもらって、あとからご挨拶に行きたいとコンタクトをとったのです。

池上　そこで大事にしていたのが、「教えてください」という心構えだったというわけですね。

佐藤　そうです。相手からすれば特段、私のような外国の外交官と付き合う必要なんてありません。でも、あえてこちらから「教えてください」とお願いする。たとえばイリイン氏の発言が新聞に掲載されたら、すかさず「あの発言に関心を持ちました。詳しく教えてください」と連絡を入れるという具合に、この姿勢は崩しませんでしたね。先ほど池上さんもおっしゃったように、自分の考えを聞いてもらいたいという願望は誰にでもあります。だから**「教えてください」「聞かせてください」という姿勢で臨むと、別に会う必要のない相手であったとしても、何となく会う気になってくる**ものなのでしょう。

池上　そうやって築かれた人間関係が、あのクーデターの際に「ゴルバチョフの安否を確認せよ」というミッションを負ったときに生きた。

佐藤　そうです。当時、モスクワの政局は「ゴルバチョフ派」「エリツィン派」「クーデター派」という3つに分かれていたのですが、ゴルバチョフ派もエリツィン派も、事件が起こった時点では何ひとつ正確な情報をつかんでいなかったはずです。ゴルバチョフの安否を知るためには、いわば当事者であるクーデター派に聞くのがいちばん確実でした。このような私の経験を踏まえても、「教えてください」という姿勢を見せるというのは、単に初対面の場で間をもたせること以上に、信頼関係構築の土台作りの意味合いが大きいです。

巧い聞き手のまねをする

池上　**「教えてください」の姿勢で、相手が何となく気持ちよくなってしゃべり出したら、その後のリアクションも重要です。**シンプルに言えば、とにかく「熱心に聞く」こと。大きくうなずいたり、「なるほど」「へえ！」「ほう〜！」などと相づちを打ったりする。

佐藤　強固な信頼関係って、そういうところから始まるものですよね。反対に自分が話をする側に立ったときには、相手の言動をよく観察するといいかもしれません。

池上　はい。自分がいい気持ちで話したくなったとき、相手はどんな姿勢を見せていたか、どんな相づちを打っていたか。それが気持ちよければ、それを拝借させてもらって、今度、自分が誰かの話を聞くときに取り入れればいいのです。私の場合は、「なるほど、こうやって私をのせようとしているんだな」と冷静になって、つい無茶振りを引き受けてしまうなんて事態を避けられる、という効能もありますが。

佐藤　とくにテレビ業界やラジオ業界には、相手をのせるのが非常にうまい人がいますよね。それができない人は淘汰されていく。そういう世界なのでしょう。

池上　間違いないですね。

佐藤　ちなみに、池上さんが、面倒だと思うような仕事を引き受けてしまうのは、どういう口説き方をされたときですか？

池上　誰かに出演を依頼する動機は、きわめてシンプルです。言ってしまえば「この人に出てもらったら視聴率が稼げる」と思うから打診するわけですね。

佐藤　とくに民放は視聴率を重んじますから、企画者が視聴率を稼げるかどうかという基準で人選をするのは自然なことですね。本の出版もまったく同じですよ。編集者は「この著者ならば売れる」と踏むから執筆を依頼するわけです。

池上　でも、そういう**皮算用だけで来られている感じがすると、いまひとつ心が動かない。**佐藤さんもそうではないでしょうか。

佐藤　編集者に対して「この人も上から『何か取ってこい！』と言われて必死なんだろうな」と思うことはありますが、心に響くかといったらそうでもありませんね。

池上　私自身で言えば、青臭い理想論みたいなものを語られると弱いところがあります。「自分はこういう番組を作りたいという夢をずっともっていて、それをぜひとも池上さんと一緒に作り上げたいんです」「私にはこういう理想があります。もちろんひとつの番組でとうていかなえることはできないけれど、いつもその一心で番組制作をしているんです。一緒にやりませんか。協力してもらえないでしょうか」なんて言われたりすると、私は「よし、じゃあやりましょう」となりやすい。「青臭いなあ」と思いながらも心の針が動かされて、つい引き受けてしまうのです。

佐藤　**「思い」には人を巻き込む力があります。**どの世界で誰に何を頼むにしても、同じことですよね。

池上　せっかくなら、何かしら強い思いのある人と一緒に仕事をしたいというのが人情ではないでしょうか。それがほとんど感じられない人に言葉巧みに口説かれても、「よし、ひと肌脱いでやろうじゃないか」という気にはなれない人が大半だと思いますよ。

第1章　まとめ

初対面で好印象を与える伝え方 7つの心得

心得1／名刺交換で終わらせず、相手の名前から連想できる情報から雑談を振る。

心得2／出会って間もない相手との雑談では、出身大学などの、センシティブなネタは避ける。

心得3／自己紹介の際、その場にいるみんなが笑える自虐ネタを入れることで、心地よい空気を作ることができる。

心得4／どんな相手と話してもあがらない、会話がとぎれないスキル「おばちゃん力」を磨く。

心得5／正しい敬語を話すなかで、ふとそれが崩れる瞬間があると、聞き手から親近感を持たれやすい。

心得6／親しくなりたい相手に対して、
はじめから砕けた話し方をするのはご法度。

心得7／話を聞く際には、「教えてください」の姿勢で、相手を見上げて「リスペクト光線」を出す。

第 2 章

ほしい情報を引き出す伝え方

本心に先回りして懐に飛び込む

聞く力があれば、どんな情報でも取れる

池上　懐に飛び込むというのは、相手との距離感をかなり縮めるということでもあります。佐藤さんは元外交官ですから、ジャーナリストとはまた違った意味合いで情報を聞き出すプロの技をお持ちですよね。相手の懐に飛び込んで聞きたいことを引き出す。そのあたりの会話の秘訣を知りたい人は多いはずです。

佐藤　これは前章でも話に出ましたが、**まずは会話の内容以前に「態度」がとても重要。「教えてください」と下手に出る態度を見せることは、相手の興味・関心事を探るためのインテリジェンス**です。人には誰しも、「誰かに自分の話を聞いてほしい」という欲求があるものですから。

池上　なるほど。コツさえわかれば、懐に飛び込むことは誰にでもできそうですね。

私が前章で話した、「リスペクト光線」は、佐藤さんが仕事をしてきた外交交渉の現場でも有効であった、と。

佐藤　会話と言っても、無理にこちらから話を切り出さなくてもよい場面も多々あります。まずは相手の話にしっかり耳を傾け、相手の興味・関心事を知る。そして、相手が饒舌に語り始めたら、「おっしゃる通りです」などと、相づちを打つ。

池上　聞き手から賛同ばかりされると、必要以上に謙遜してしまう人も多いように思うのですが、そういう相手と会話するうえで、よい雰囲気を保って会話を続け、知りたいことを引き出すにはどのようにしたらいいでしょうか？

佐藤　必要以上に謙遜した態度を見せる、というのは、本心では自分が発した言葉を否定してもらいたいと思っていることの裏返しとも言えます。**相手がそのような態度を見せてきた場合は、すかさず「そんなことはありませんよ」と、代わりに否定してあげることです。**たとえば、具体的な会話例で言えば、「私、もう年だから」には「そうは見えませんよ」などという具合に。

池上　なるほど。聞き手が本心をくみ取って先回りすると、話し手に「この人には安心して話せる」と思わせることもできるわけですね。

佐藤　はい。このほかにも、**こちらから「ふざけた話」を振る、**という技法もあります。池上さんが第1章で言っていた、「聞いた人が笑える自虐ネタを話す」ということに通じますね。

自分の話は極力しない

池上　とはいえ、誰の懐にも飛び込めばいいというものではありませんよね。

佐藤　はい。当然ながら、飛び込む相手はしっかりと見極める必要があります。たとえば**仕事に関する情報や知識が十分には見えない人、話をやたらと盛る人、嘘をつく人は、懐に飛び込むのは危険**と考えたほうがいいでしょう。

池上　自己顕示欲が強い人にも要注意ではありませんか？　たとえば、お客さんに対してほかの顧客のことを自慢気にしゃべる人。自分の実績を誇示したいのでしょうが、「あの誰々さんも私のお客です」というのは一種の個人情報漏洩と言えます。

佐藤　そうですね。ほかの顧客のことを話すのは、一見、実力があるようで、じつのところ信用に値しない人のやることだと思います。

池上　以前、車を買おうと思ったときに担当についた営業の人が、「この車種は、先日、○○さんにもお買い上げいただきました」と、有名な女性キャスターの名前を出してきたことがあります。ということは、この人から車を買うと、きっと別のお客さんに「池上 彰さんも私のお客」と話すに違いない。そう察して、すぐに退散しましたね。

愛想よくしても、みなまで言わない

佐藤　その点でさすがだなと思うのは、やはり政治家が常用するくらいのレベルの料亭やホテルですね。そういうところで働いている人たちは、サービス業ですからもちろん**愛想はいいのですが、関係者以外に漏らしてはいけないことは絶対に話しません。**

池上　あの人たちは大変心得たものですよね。

佐藤　はい。以前、あるホテルで鈴木宗男さんと合流しようとしたときにも実感しました。どの部屋かを聞いていなかったので、「鈴木宗男さんに呼ばれてきたので、部屋に通してください」と伝えたところ、十年来の付き合いのある顔見知りのフロアマネージャーが、なんと「申し訳ございません」と言って聞かなかった。結局、鈴木さんに電話を入れたら、「ごめん、すぐに迎えを寄こすから」ということで事なきを得ました。これは鈴木さん側の伝達漏れだったのですから、ホテル側には何も非はありません。

池上　顔見知りの佐藤さんを相手に、その対応を貫くとはさすがですね。

佐藤　**今までどんなに親しげな様子を目にしていても、ホテル側が把握していないところで両者の関係が壊れている可能性もある。**顔パスで通してしまうと大変なことになりかねません。やっぱりこのホテルはすごいなと、信頼度がさらに上がりました。

池上　そういうプロ中のプロの仕事を見ると安心します。

佐藤　そうですね。ビジネスの場でも、普段から何もしゃべらないで貝のようになってしまうのは簡単です。でも、それだと進む話も進みにくくなるし、「この人はいつもだんまりで、腹の底で何を考えているのかわからない」と思われるのは決して得策ではありません。

池上　**「愛想がよくて付き合いやすいけれど、要所要所では口が堅い」という線引きをすることが大切**ですね。

佐藤　あとは同業他社の悪口を言う。これもよくありません。もっとも「あの会社は素晴らしいですが、ちょっとここだけ気になるんですよね」なんて、一見ほめているように見せかけてその実悪口を言っているというような、巧妙な手を使う人もいます。

池上　いますね。ライバル会社については、悪口を聞かされるよりも、ほめ言葉のほうが「へえ、ライバル会社のことでも、この人は、ちゃんと認めるべきところは素直に認められる人なんだな」と、好感を抱かせることができるのに。

佐藤　口は災いのもとであり、その逆もまたしかりです。信用できる人、できない人というものは、話す内容によって、だいたいわかる。信用していい相手かを見極めたい場合にも、反対に相手に信用してもらいたい場合にも、**こちら側から「何を話すか」、あるいは「何を話さないのか」というのは外せないポイント**です。

思い通りに聞き出す力

宗教・政治の話は2大タブー

佐藤　ちなみに、聞きたいことを引き出せる関係作りに効果的な会話のコツとして、**本題以外の雑談を振るというのもいい**と思います。ビジネス書などでは「アイスブレイク」と言われたりしますが、そこで相手と盛り上がれば一気に意気投合でき、聞きたいことを教えてもらいやすくなるでしょう。

池上　ただ、**話題選びには要注意です。たとえば宗教や政治など個人の思想信条に関わるものは避けたほうがいい。**政治については何となく話しているうちに、その人が政権寄りなのか、そうでないのかが見えてくることがあります。自分と似た立場ならば盛り上がるのもいいのですが、相手の立場がわからないうちは無闇に政治の話は振らないことです。

佐藤　宗教と言えば、たまに「ローマに行ってきました」とかで、お土産にローマ教皇のポートレートや十字架をくれる人がいます。もちろんメジャーなお土産品ですけど宗教色が強いものですし、それを私に贈るというのはピントがずれています。

池上　佐藤さんはチェコという国についても深く研究されていて、『プラハの憂鬱』（新潮社）というご著書もあります。17世紀の三十年戦争でカトリック教会がチェコに何をしたかをよくよく知っているわけで、ローマ教皇のポートレートや十字架を喜ぶはずがない。プロテスタントの佐藤さんにカトリックの土産は非常識です。

佐藤　今の池上さんのお話の通りで、自分がよくわかっていないことに触れると、知らないところで相手の地雷を踏んでしまう危険があるということですね。

雑談は無邪気に振ってはいけない

佐藤　軽く考えている人も多いのかもしれませんが、共通の話題探しというのは意外と難しいものです。**共通点で盛り上がりたいあまり、自分のよくわからないことを無理に話題にしても空振りに終わる**場合が多いでしょう。

池上　私には苦い思い出があります。社会部の記者にとって、警察回りをして情報を取るのは基本の仕事です。島根県にいたころ、まったく相手にしてくれない島根県警の刑事たちに業を煮やした私は「プロ野球の巨人戦」の話を振ってみることにしました。というのも、島根県には巨人ファンが多いからです。ところが、いくら「昨日は巨人が勝ちましたね」などと言ってもぜんぜん乗ってきてくれない。

佐藤　話を振っていた当の池上さんが「アンチ巨人」だったからですね。自分を偽って話題を振ったら盛り上がらなかったという、今の池上さんからは想像もつかないエピソードです。

池上　あの頃は若かった。ついでに話してしまうと、その後、広島に転勤すると、広島県警の刑事とはすぐに打ち解けることができました。広島カープファンの刑事たちとは「アンチ巨人」で話が合ったからです。そして、いつの間にか私は「アンチ巨人」から「広島ファン」になっていた——というオチなのですが、話を戻すと、自分自身がよくわかっていない話題を振っても盛り上がるはずがない。それどころか、よくわかっていないばかりに、**自分としては無邪気に触れた話題が相手の逆鱗に触れる可能性もある**のです。

佐藤　しかも、本当に逆鱗に触れているときは、当然「あなたは私の逆鱗に触れました」などと、口に出したりはしません。ただ「その程度の知識しかない人なんだな」「こういうところで大事な気遣いができない人なんだな」と思って、そっと距離を置くだけです。

池上　そうやって**知らないうちに自分の第一印象を大きく損ねてしまわないために も、取ってつけたような話題の作り方は避ける。**

それよりも、自分のよく知っている分野や無難なこと、それこそ出身地や出身高校、あるいは部活は何だったかといったところで共通点を探ったほうが、ずっと好印象ですよ。

「流行りの話題」は必ず押さえる

佐藤　何かしら共通体験がありそうだというところで、適宜、話題を振るというのがいちばんいいのでしょうね。集団ごとに何かしら盛り上がるテーマはあるものですから、出身地が同じとか、出身校が同じというのは、平和な話題で盛り上がる糸口になります。

池上　しかし、**一見、平和に見える話題でも、相手にこだわりがあったりすると、思わぬところで地雷を踏んでしまう場合もあります。**

佐藤流・賢く聞き出す話題選びの極意

○	×
人気ドラマの話題	政治の話題
ベストセラー漫画の話題	宗教の話題
流行りものに関する話題	自分がよく知らない話題

佐藤 たしかにそこは注意したほうがいいですね。たとえば野球の話題になって、ちょっとした賑やかしのつもりで、熱狂的なカープファンをおちょくるようなことを言ったら、じつは相手がカープファンだったとか。そうなったら、目も当てられないことになります。

池上 私はまさにカープファンですから、そういう言い方をされたらカチンと来て一気に心の扉は閉じてしまうでしょう。

佐藤 より安全で平和な話題で盛り上がるとしたら、人気の海外ドラマや漫画など、やはり流行りものを押さえておくのがいいのではないでしょうか。

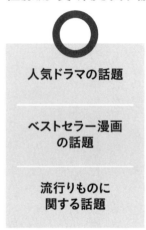

昨今の「ステイホーム」需要でNetflixやアマゾンプライムビデオなど、映像作品のサブスクリプションサービスの登録者は急増しているようです。『愛の不時着』でも『梨泰院《イテウォン》クラス』でも『鬼滅《きめつ》の刃《やいば》』でもいいから、人気のあるものはざっとさらっておく。こうして投げる球を10個ももっておけば、そのうちひとつくらいはヒットするはずです。

懐に飛び込む、事前の準備

話す前に7割決まる

佐藤　そもそも懐に飛び込むのは何のためなのかというと、大半は仕事の成果につなげるためですよね。そうなるとまず問われるのは、どれくらい、その仕事をまとめ上げたいという情熱があるのか、自分の価値観をかけるような仕事だと思っているのか。

池上　相手の懐に飛び込む前に、問題は自分自身である。その仕事に向かう己を問う必要がありますね。

佐藤　はい。そうしてはじめて相手と対峙できるわけです。次に重要なのは、自分は相手の信用に足るかということ。たとえば、**仕事相手の基本的な情報や、その仕事に関する基礎知識を頭に入れないままでは、相手の信頼を勝ち取ることはできない**でしょう。信頼できない人を懐に飛び込ませる人はいませんから、いい方向には進まない。こういうのはジャーナリストも同じではないですか。

池上　もちろん知らないことがあるから聞きに行くわけですが、相手に改めて聞くまでもないような基本的な情報や知識は事前に頭に入れておかないと、まったく仕事になりません。

佐藤　立場を変えれば、**基礎的な情報や知識の有無は仕事相手がどれくらい信用に足るかを測るバロメーターにもなります。**たとえば中国関連の仕事なら、「中国の人口って、今はどれくらいでしたっけ」という具合に水を向けてみる。そこで、もし相手が「中国の人口は12億人ですね」と言ったら情報がアップデートされていないということだからちょっとあぶない（外務省HPによると中国の人口は約14億人）。「30億人くらいでしょう」なんてとんでもないことを言う人は論外ですね。

池上　中国関連の仕事をしようとしているというのに、そんなことでは、先行きが危ぶまれます。

仕事の基礎知識を語れるようにしておく

佐藤　仕事に関する基礎データが怪しい人は、それ以外の話もかなりアバウトだと思ったほうがいい。仕事相手としては信頼に値しないと見なすべきということです。**一般的な教養レベルを測るというより、その仕事をするうえでの必要最低限の情報、知識があるかどうかが重要**です。

池上　へたをすれば我が方の実害につながりますから、相手がその仕事に関してちゃんと基礎ができているかは、初期の段階でなるべく測るようにしたほうがいいですね。

佐藤　もうひとつ例を挙げると、たとえば1945年の時点において日ソ間で結ばれていた条約は何か。「日ソ不可侵条約」と答えても、一般人ならば一応は許容範囲なのですが、外交のプロがこう答えたら大問題です。

池上　正しくは「日ソ中立条約」ですね。1941年4月13日モスクワにて、松岡洋《よう》右《すけ》外務大臣とスターリンが署名し、同月25日に発効となった。5カ年条約で、破棄する場合には有効期限の1年前までに相手国に通告する義務があるというものでした。

佐藤　そうです。一般的に中立条約というのは、文字どおり「中立」を保つための条約であり、自衛のためならば条約の相手国を攻撃してもかまわないというものです。ただし日ソ中立条約は第一条に「相互不可侵」を定めていた。

池上　それをソ連は、有効期限内の1945年4月に一方的に破棄を通告してきて、同年8月に日本に攻め込みました。つまり国際法上、やはりソ連の条約違反だったというわけです。

佐藤　「日ソ中立条約」という名称がソ連に攻撃の隙を与えてしまった、というのは間違いないことなのです。これは外交官ならば当然、理解しておかなくてはいけない。同様に、**どんな仕事にも、「その仕事をするなら、きちんとわかっておかなくてはいけない」という情報や知識があるはずです。だから、自分の情報や知識は十分だろうかと己を振り返る。**それとともに、相手に失礼にならない程度に、さりげなく相手の情報量や知識のレベルを検証できるような話を振ってみるというのは、相手の信用性を測るうえで非常に重要ですね。

池上　相手の情報・知識レベルが、ひいては仕事の質をも左右するわけですから、決して侮れません。基礎的なところをちゃんと理解しているかどうかというのは、少し話をすればわかってしまいます。その場で取り繕おうとしても無理ですね。せっかくご一緒しているのに、「この人は勉強不足だな」と残念に思うこともしばしばですよ。

「権限」をはっきり示す

池上　佐藤さんの話にひとつ付け加えさせてもらうと、「この人にはどれくらいの権限があるのかな」というのも、意外と仕事相手が気にする点だと思います。私も、さりげなく「あなたの一存で決められるんですか」なんて聞くことがありますが、そこで「大丈夫です。全部私に任されています」と答えられると「そんなはずないよな」と信頼が揺らいでしまいますね。かといって「私には何の権限もありません」だと、その人と話していても埒《らち》が明かないということだから困ってしまいますけれど。

佐藤　**いちばんいいのは、自分の権限をはっきりさせること**でしょう。

池上　「この部分は私の一存で今決められますが、ここところの部分は持ち帰って上の判断を仰ぐ必要があります」などと、きちんと説明してくれる人は信用できるなと思いますね。

佐藤　そんなところで見栄を張ってもすぐにバレますし、あとから「話が違うじゃないか」となったら、それこそ信用問題です。正直な対応がいちばんよいです。

「嘘っぽい話」は禁じ手

「できないかもしれないこと」は約束しない

池上　相手の警戒心を解いてフランクにいろいろと話してもらう。相手と出会ってすぐにそういう関係になれる人もいれば、いつまで経っても難しい人もいますね。これは個々人の性格にもよると思いますが、重要なベースは、やはり嘘をつかない、誠実であるということではないでしょうか。

佐藤　おっしゃる通りです。では、**人はどういうところで「嘘をつかない人」と見なすかというと、「約束したこと」を守るかどうか。**これは裏を返せば「できないこと」を約束しない、ということでもあります。とくに若いうちは自分を大きく見せたいあまり、できないことまで「できます」と言いたくなったりすることがあるかもしれない。でもそうすると、あとあと面倒なことになります。

池上　つい話を大きくしてしまうというのもありがちですね。仲間内で盛り上がっているときに少し話を盛るくらいならばかわいいものですが、ビジネス上の話を盛ってしまうのはよくない。ベテランにはお見通しですから、「この人は大げさにものを言う人だな」「言っていることの半分は本当じゃないんだろうな」と一気に信用を失ってしまいます。相手の警戒心を解いてフランクに話してもらうどころではありません。

佐藤　最初に小さな嘘をついたばっかりに、辻褄を合わせるためにどんどん嘘を重ねて話が大きくなってしまい、そうなると後に引くに引けなくなってどんどん自分の首を絞めてしまう。そんな事態を実体験する前に、読者にはジョン・ル・カレ原作の映画『テイラー・オブ・パナマ（パナマの仕立屋）』を観ることをおすすめしますね。

池上　ちょっとした作り話がどんどん大きくなって収拾がつかなくなる様子が見事に描かれています。

佐藤　本当にありそうだからこそ、ゾッとする。この作品を見たら、決して嘘はつくまいと思うでしょう。何しろ年齢ひとつごまかしただけでも、ありとあらゆるところで嘘をつかなくてはいけなくなりますからね。嘘を貫くプロフェッショナルとも言えるスパイですら、あまりにも自分とかけ離れたカバーストーリー（架空の名前や経歴）は作りません。**ふとした拍子に嘘に綻《ほころ》びが出ては命取りになる**からです。

池上　ちなみに日本で年齢を詐称すると、多くの場合、干支を聞かれたときに化けの皮が剝がれます。

佐藤　そうですね。東京拘置所でも干支は聞かれますよ。生まれは元号で何年か、西暦は、干支は、星座は、と。捕まっている時点で個人情報は把握されていますから、嘘をつきようがないわけですが。よほど作り込んでおかないと嘘はどこかで露呈するものです。たとえば私が中国から来たスパイだとして、「私はかつて埼玉県大宮市で育ち、西本郷団地に住んでいました」という偽の履歴を作る場合、「何号棟に住んでいたか」「バスはどの停留所で乗っていたか」というところまで偽装しなくてはいけません。じつは7号棟だと「西本郷住宅」ではなく「前原」という停留所を使っていないと不自然なのです。

池上　そういう細部まで練り込んで、頭に叩き込んでおかないといけません。

佐藤　はい。そんな細部のバス停を間違えただけで、「生まれ育った土地で十年以上も使っていたバスの停留所が不自然、ということは……」と一気に偽装が露呈してしまう。要するに、**相当念入りに組み立てなければ嘘を貫くことはできないわけで、それは**

一般人には難しい。つまり、嘘はつくものじゃない、ということです。

誠実さで予防線を張る

池上　今のはスパイの例でしたけど、じつは私にも似たような経験があるんです。大学生のころ、選挙の時期に朝日新聞の世論調査のアルバイトをしたときのことです。当時の世論調査は、地域ごとに複数のアルバイト学生で分担して、朝日新聞が作成したリストにある家を一軒一軒、訪ね歩くという方式でした。すべての家を回り終えたら朝日新聞本社に戻り、世論調査室の担当者に調査結果を渡すのですが、そのときに必ず担当者が「ここはどうやって行ったんですか」と聞いてくる。

佐藤　いちいち家を訪ねるのは面倒だからと調査結果を勝手にでっち上げて、さも回ってきたかのような顔をして提出するアルバイト学生もいた。それを防ぐために交通手段の裏を取るわけですね。

池上　そうです。私は真面目にちゃんと一軒一軒、訪ねていましたから、「西武バスの○○停留所から乗って、○○停留所で降りました」などと報告して、そこでようやく「お疲れさまでした」となる。マイカーなんてもっていませんから、移動手段はバスだったのです。スパイの世界に限ったことではなく、このように我々一般人の生活にも、相手からカマをかけられることはあるわけです。

佐藤　もちろん**ビジネスの場も例外ではない。やはり嘘をつかないことは基本中の基本として守るべき**ですね。私も外務省勤務時代には、よく部下にわざと「〇〇の件、ファックスを送っておいてくれた?」と聞いて、「すみません、忘れていました」と言えるかどうかで部下の誠実度を測っていました。とくに一部上場企業など、そこそこの会社で働いている人たちは、若いころからほめられるばかりで、あまり叱られるという経験をしていない人が多いのではないでしょうか。

池上　いわゆる「優等生タイプ」が多い印象ですよね。

佐藤　はい。そういう人たちは叱られたくないばっかりに、小さな嘘をつく。たとえば上司から「例のファックス、先方に送ってくれた?」と聞かれて、本当は忘れていたのに「あ、はい、送りました!」と答えて、あとからこっそり慌てて送る。それで済む場合もありますが、しかし小さな嘘が習性になると、いずれ大きな嘘をつかざるを得ない状況に追い込まれかねません。だから、**仕事でもプライベートでも、普段から嘘をつかないようにすること**が本当に大事なのです。

最適な話し相手を選ぶ

「相性が合わない人」を切る勇気

池上　ちなみにどれだけ質のいい情報を引き出せるかは、当然ながら「誰と付き合うか」にも左右されます。

佐藤　はい。**「何を聞くか」「どう聞くか」も重要ですけど、これらがうまくできても聞く相手が間違っていたら、いい情報は取れません。**誰と付き合うかは非常に重要です。

池上　とはいえ相性もありますから、どうしても好きになれない相手を前にすると困りますね。嫌いになってはいけない、この人を好きなんだと一生懸命自分に言い聞かせて、騙し騙し付き合っているという人は多いかもしれません。

佐藤　私の場合は、騙し騙しというのはうまくいかないので、可能な限り人を替えますね。たいていの仕事は組織と組織でするものですから、先方の担当者を替えてもらう、あるいはこちらから別の担当者を当てる。それが無理なら「この人からは情報は取れない」と諦める。

池上　相性の悪い人とはなるべく付き合わない、より相性のいい人と付き合う、ということが自分裁量で可能な場合は、その道を選ぶに越したことはありませんね。

佐藤　多少無理をしても、そうするメリットは大きいと思います。なぜなら、相性が合わない人と我慢しながら付き合うと対立が起こりやすいから。おそらく相手もやりづらさを感じているでしょうから、お互いに無理をして溜まった鬱憤《うっぷん》がどこかで噴き出してしまう危険性があるのです。

池上　そうなったら悲惨です。たとえば2社の合同で進めているプロジェクトで、担当者同士がもめてしまったら会社同士の関係まで危ぶまれかねません。

佐藤　そうですね。だから相性が合わない人とは無理に近づこうとしない。接触するから摩擦が起こるわけで、対立を避けるためには接触する機会を極力少なくする。その点、私は安全運転主義者なのです。

「何でも話せる空気」を作り出す

佐藤　あと、対人関係で勘違いしがちなのですが、**大物なら誰とでも付き合えばいい、というわけでもありません。**私は20代の終わりから30代のはじめくらいまで、ソ連担当の外交官として、がむしゃらにモスクワで人脈を広げていました。ところがソ連が崩壊し、今度は一緒にソ連を崩壊させたエリツィン派と議会派が対立した。ここで失脚する人が何人も出ました。ただし失脚した人たちを袖にしてしまうと恨まれるから、それ以降も関係維持しなくてはいけません。そのために相当エネルギーを使いました。

池上　外交官は、なるべくさまざまな情報にアクセスできるようにしておかなくてはいけない。失脚したからと言って誰かを切るというのは、すなわち、その誰かの立場からの情報がなくなることを意味するわけですね。

佐藤　おっしゃる通りで、失脚者を切って恨みを買うというのは、外交官の典型的な失敗例のひとつなのです。そんなわけで「そこそこの付き合い」の重要性に気づき、どう維持するかということに苦心したのが30代半ばでした。そのころに、もし今のようなリモートワークが普及していたら随分やりやすかったでしょうね。

池上　佐藤さんの話は外交官としての体験談ですが、ジャーナリストも同様です。誰とどういう関係を作るのか。たとえば持病が悪化して総理大臣を辞めた人がいますが、そこで、今まで深く付き合っていたジャーナリストがさっと引いてしまうか、それとも変わらず付き合うか。ジャーナリストとして成功するのは後者です。

佐藤　そうでしょうね。権力ある立場から退いたとはいえ、その人が一般的には知り得ない情報をもっていることには違いないので、その後も付き合い続けることで、ほかのジャーナリストとは、ひと味違った仕事ができる。

池上　はい。その「元総理」から「**自分が権力から退いても、この人は去らなかった」ということで感激され、一目置かれ、何かあれば直に電話が来てさまざまな情報を教えてもらえる。**そういう関係を築けるかどうかが重要なのです。

第2章　まとめ

ほしい情報を引き出す伝え方 7つの心得

心得1／情報を聞き出したい相手の興味・関心事を知るためには、聞き手は必ず下手に出る。

心得2／話し手が謙遜した態度を見せたら、相手の本心を代弁して、「そんなことはありません」と否定する。

心得3／こちらから「ふざけた話」を振ることで、話者がリラックスして話せる雰囲気を作ることができる。

心得4／自分の仕事に関する知識を正しく語ることができない相手の懐に、安易に飛び込んではいけない。

心得5／要所要所で秘密を守る人は一目置かれる。愛想よく接していても、すべてをオープンに話してはいけない。

心得6／信頼関係を築くには、「何を話すか」と同じくらい、「何を話さないか」も重要。

心得7／本題以外の雑談を振ることは、聞き出せる関係性作りには有効。政治など、個人の信条に関する話題はNG。

第 3 章

わかりやすく伝える話し方

必ず伝わる「わかりやすい説明」5か条

まず、何を伝えたいか把握する

佐藤　物事の本質を変えず世の中に広く知らしめていくことを「通俗化」と言います。難しいことを平易な言葉で、かつおもしろく伝える。この通俗化の作業は欧米では非常に高い地位を与えられ、「通俗本」も数多く出版されてきました。

池上　佐藤さんのコラムでも「通俗本」のすすめが書かれたものがありますよね。

佐藤　はい。古くはイギリスの物理学者マイケル・ファラデーが、各国のロウソクの作り方や利用法を説明しながら科学の本質に触れていく『ロウソクの科学』（岩波書店ほか）。現代では、少し前にベストセラーになったリチャード・ドーキンスの『利己的な遺伝子』（紀伊國屋書店）も通俗本です。書籍のみならず、たとえばＢＢＣには、専門用語を使わず簡潔に複雑な世界のニュースを報じるラジオ番組があります。非ネイティブ向けの英語学習番組ではなく、英語ネイティブ向けに「わかりやすく」解説する番組です。

池上　それも一種の「通俗化」と言えますね。

佐藤　はい。一方、日本では長らく、通俗化は物事の本質を損ねる悪いことのように思われてきた。物事をわかりやすく解説している本は、とくに戦前の東京帝国大学（今の東京大学）の学者の間では下に見られていたのです。しかし物事の本質を損ねることなく、わかりやすく説明することは可能なんだと、それを現代日本において広く知らしめた池上さんの功績は大きいと思います。

池上　記者としてスタートし、キャスターになってからずっと、さらには『週刊こどもニュース』を担当してからはなおのこと、「わかりやすく伝えるにはどうしたらいいか」と考え続けてきました。自分のキャリアのなかで必要性を感じ、突き詰めてきたことが、期せずして多くの方に喜ばれているのなら幸いなことです。

佐藤　本章では、池上さんが今までに確立してこられた「わかりやすい説明」について伺えればと思います。

さっそくですが、池上さんは「わかりやすい説明」の5か条を挙げておられます。①

難しい言葉をわかりやすく嚙み砕く、②身近なたとえに置き換える、③抽象的な概念を図式化する、④「分ける」ことは「分かる」こと、⑤バラバラの知識をつなぎ合わせる

——本書の読者にも伝えられたらと思いますが、いかがでしょうか。

池上　はい。たしかにこの5か条は大切なのですが、その前にお伝えしておきたいことがあります。それは、**「自分自身が理解していないことは、人にもうまく伝えられない」**ということ。当たり前と思うかもしれませんが、理解しているようで理解していない、だからいくら言葉を並べてもわかりやすい説明にならない、というケースが多いようなのです。

佐藤　たしかに、表層的に言葉をなぞっているだけで、まったくこちらに届いてこない説明というのは、たいてい説明している本人が理解していないものですね。学生にもよく見られるパターンです。

話を嚙み砕く、置き換える、絵にする

池上　そのうえで先ほどの条件を簡単に説明していくと、①の「難しい言葉」というのは多くの場合熟語です。それをわかりやすく嚙み砕くということ。**熟語は物事を一言**

で言い表せて便利なものですが、その言葉を知らない人にとってはまったく不親切なものです。

佐藤　何気なく使っている自分のほうも、その熟語の成り立ちを意外と知らなかったりすることもある。今は辞書を引く習慣が廃れつつありますが、そういうときこそ国語辞書や漢字辞典の出番ですね。

池上　そうですね。「この熟語をわかりやすく嚙み砕くとしたら、どうなるかな？」という発想をもって辞書や辞典を引いてみれば、その言葉に対する自分の理解がより深まり、人にもわかりやすく説明できるようになるでしょう。

そして②の身近なたとえに置き換えるというのは、**言うなれば数字が大きすぎたり小さすぎたりして想像しづらいものを、より実感をもって理解しやすい事例に当てはめてみる、**ということです。

佐藤　よく「この広大な敷地は東京ドーム○個分」といった表現を目にしますが、これも②を用いた伝え方ですね。ほかにも、たとえば国家予算を家計に置き換えるなど、よく知っているものとの対比で説明すると、かなりわかりやすくなる。

池上　③抽象的な概念を図式化するというのは、**概念を言葉で説明しても、いまひと**

つ理解しにくい、そんなときに□や○、矢印、ピクトグラムなどを使って図式にするのです。テレビ業界では、映像や写真で伝えられないものを「絵にならない」なんて表現しますが、そういうものだって視覚化して「目で見てわかる」かたちに変えることは可能です。

佐藤　これはビジネス実用書などでも、よく目にするものですね。

池上　はい。この本をお読みの方たちも『図解○○』といった本を一度は手にしたことがあると思います。ただし、簡略化しすぎて本質を歪めることはないように、注意が必要ですね。図式化するには、まず自分のなかに「絵」を思い浮かべること。絵には言葉ほど多くの要素は盛り込めませんから、**絵を思い浮かべようとすると物事の枝葉が削ぎ落とされ、本質が浮き彫りになってくることがある**ものです。

佐藤　会話においては、まず自分自身が言葉だけでなくビジュアル的にも物事をとらえる、そんな想像力を働かせることも重要ですね。

メッセージをパズルのピースに分解する

池上　④は、「分ける」ことは「分かる」こと。**まずは説明したいことを、ひとつひ**

とつの細かい要素に「分ける」ことから始めましょう。分けてみると、きっと「これはいらないな」というものも出てくるので取捨選択をします。そして残った要素たちを、「最初はこれ、次はこれ、その次はこれ……」という具合に構成する。言い換えれば、順序立てて並べ替えるということです。このように整理して伝えることが、相手が「分かる」ことにつながります。

佐藤　雑多な情報を整理せずに伝えている、そのために「あなたの説明はわかりにくい」と思われている人も多いでしょうね。

池上　はい。自分が整理できていないものを、人が整理して頭に入れることはできないというわけです。そして最後、⑤バラバラの知識をつなぎ合わせる。**知識とはジグソーパズルのピースのようなものです。つなぎ合わせてみると、ひとつひとつのピースだけでは見えてこなかった大きな像を結ぶことがある。**その像を示して見せたときに、「あ、なるほど！」という、より深い理解を相手にもたらすことができるのです。

佐藤　私が思うに、「わかりやすい説明」には2種類あります。ひとつは、できるだけ客観的に、自分の価値判断を入れない努力をして説明するというもの。もうひとつは、自分の価値判断が多分に含まれているという前提で、ある事実に対して認識・評価を加えるというもの。池上さんのおっしゃる5か条は、前者になります。客観的で自分の価値判断を交えない「わかりやすい説明」を試みる際に、非常に役立つ指針になると思います。

池上　長年、記者やキャスターをしてきたなかで編み出したものですから、そうですね。ある事実や現象や概念を、自分の価値判断は交えずに、いかに誰にでもわかるように説明するか、ということです。

わかりやすさには2種類ある

佐藤　しかし、世の中には後者の手法が取られているケースも散見されます。つまり、事実に関しては曲げない。しかしその事実をどう認識し、評価するかというのは私自身の価値判断によるものです、と。自分の立場や価値観から生まれた認識・評価なので正しいとは限らないし、別の考え方をする人もいるかもしれない——自分の言説の評価を受け手に委ねるやり方ですね。

池上　社会批評や文化評論、あるいは体験談などは、そういうものですね。

佐藤　はい。たとえば私が書いた当事者手記『国家の罠』（新潮社）は、客観的な著述というわけではありません。私の主観に基づいて鈴木宗男さんは何ひとつ間違ったことをしていない、私も罪を犯したとは思っていない、と書いている。検察側から見たら違う話になるかもしれません。ただ、私は自分の立場、価値判断に従っているという前提が伝わるように書いたのです。

池上　「自分はそういう立場で書いているんだ」と、著者自身が明確に示しているかどうかは、読む側としては気をつけたほうがいいでしょう。

佐藤　そうですね。『国家の罠』の文庫版では、川上弘美さんが「本書は非常によくできている。そういう本では通常、読者は書き手に引き寄せられていくものだが、本書は、それ自体も疑えと行間から訴えかけている」といった旨の論評を寄せてくださいました。

池上　自分が伝える側に立った場合には、基本的にはどのような価値判断に従って説明してもいいけれど、**「これは私の価値判断による説明だ」ときちんと相手に伝わるようにするのも、相手に誠意を見せる作法のひとつ**と言えます。

佐藤　特定の立場や価値観に従っているものを、あたかも客観的・実証的事実であるかのように書くのは詐欺行為と言えるでしょう。だから、自分の価値判断を交えているのなら、そう明示しなくてはいけない。また、自分が読む側に立ったときには「この説明のわかりやすさは、客観的に伝えているわかりやすさなのか、それとも、書き手の価値判断から見ているわかりやすさなのか、どちらだろうか」と考えてみるといいと思います。

わかりやすさが正義とは限らない

あぶない「わかりやすさ」

佐藤　前項で触れられたように、ひと口に「わかりやすさ」と言っても、客観的なわかりやすさと、**語り手の価値判断に従ったわかりやすさの2種類がある。**こういっては失礼かもしれませんが、おそらく「客観的・実証的にわかりやすい」からこそ、なかには池上さんを敬遠するメディアも一部あるでしょう。その媒体の編集方針が池上さんご自身のスタンスと合わないからです。

池上　言われてみれば、たしかにそうかもしれません。

佐藤　客観的で実証的だと、たとえば「日本はアジアの解放のために大東亜宣言を出した。だからファシストのナチスドイツやイタリアとは違うんだ」と、それこそ自分たちの価値判断に従って「わかりやすく」説明したい人たちには都合が悪い。日本はアメリカとの圧倒的物量差があるとわかっていたにもかかわらず資源ほしさから南進し、ついには避けられない無謀な対米戦争にも踏み切ってしまった、というのが客観的・実証的事実ですから。

池上　ところが、今、佐藤さんがおっしゃったような「日本はアジアの解放のために大東亜宣言を出した。だからファシストのナチスドイツやイタリアとは違うんだ」ということをわかりやすく説明されると、「そうか、それが事実なんだ」と思ってしまう人が出てくる。これまでずっと「わかりやすさ」を追究してきた私ですが、最近は、「わかりやすさ」に潜む危険性も強く感じるようになってきています。「わかりやすさ」を謳《うた》い文句にしているなかには、一方的な見方だけで物事を断じているものも散見されるからです。

佐藤　まさに、それは「わかりやすさ」がある種のバブル状態になっているなかで生じている、大きな問題ですね。

池上　そうですね。**偏った価値判断による「わかりやすさ」は、むしろ危険**であるというのも併せて伝えていきたいところです。

「ざっくり説明します」の落とし穴

佐藤　世の中とは、社会を構成する無数の人々の利害がぶつかり合うものですから、基本的に「わかりにくい」ものなんですよね。それをわかりやすくするというのは非常に難しいというところで、客観性と実証性によるモデルを確立したのが池上さんの「わかりやすさ」の真髄だと思います。そのモデルで物事を見て自分で評価を下す。そこではじめて主観が入る。あくまでも基本は客観的に実証できることを重視するという合理的な手法ですね。

池上　**事実をしっかりとらえていないことには、自分の主義主張が入り込む余地はありません。**だから新聞から書籍、雑誌まで、いろんなものに目を通して学ぶということが重要というわけです。

佐藤　ところが世の中には、物事の複雑なところをわかりやすく噛み砕くことが重要なのに、その複雑なところをばっさり削ぎ落として解説し、「どうだ、わかりやすいだろう」という顔をしているものも多い。これも非常に危険です。

池上　同感です。たとえば中東問題を「ざっくり言うと、こういうことですよ」と説明しているものがあるとしましょう。その「ざっくり」というのが、イスラエル側に立った「ざっくり」なのか、パレスチナ側に立った「ざっくり」なのかで内容はまったく異なります。パレスチナ側に立てば、イスラエルを完全に悪者扱いした「ざっくり」になる。でもイスラエルにはイスラエルの言い分があるわけですから、そこを削ぎ落としてしまっては中東問題を「わかりやすく説明した」ことにはなりません。

佐藤　それはパレスチナ側に立つという価値判断による説明に過ぎませんからね。つまり客観的・実証的ではなく多分に主観的ということですが、その点を語り手自身が自覚していないのではないかと思われるところに危惧を感じます。自覚していれば、「私はこういう考え方なので、パレスチナ側に立った解説をしている」と受け手にも伝わるはずでしょう。

池上　人間、いろいろなことを知れば知るほど、物事の多面性や複雑性を思い知るものです。それを「ざっくり」説明してしまうことの危険性をどれほど自覚できるか。話すうえで「わかりやすさ」はもちろん大事だけれども、**真の「わかりやすさ」とは、物事の一面だけを取り上げてほかの面を削ぎ落とすということではない、**というのはつねに意識してほしいことです。

「第三者」の目を通したうえで伝える

佐藤　やはり偏見に満ちている言説を、あたかも客観的・実証的事実であるかのように見せているものには要注意ですね。「誰も知らない真実の歴史」だとか「間違いだらけの○○」といった類いのものです。

池上　はい。そういった謳い方をしているものは、十中八九、危険と見なしたほうがいい。

佐藤　一方、**わかりやすく説明する側に立ったときには、身近な第三者の目を通すというのはいい方法**ではないでしょうか。自分では偏っていないつもり、あるいは嚙み砕いたつもりでも、じつは偏っていたり、十分に嚙み砕いていなかったりする。そのあたりを第三者に客観的に判定してもらうことで、より公平でわかりやすい説明が可能になるでしょう。

池上　それは、まさしく私が『週刊こどもニュース』で四苦八苦したところですね。子どもたちが「わかった」と言ってくれるまで解説文を推敲《すいこう》しなくてはいけませんでしたから。

佐藤　子どもたちは忖度しませんから、手強い相手だったでしょう。

池上　はい。かなり手厳しかったので、本当にいい訓練になりました。また、私も佐藤さんも本を書くときには必ず編集者が原稿に目を通しますね。そこで「ここはわかりにくい」「こういう表現は誤解を呼ぶので避けたほうがよい」などと指摘を受けて書き直す。その繰り返しで読者にも伝わりやすい本ができていく。ですから一般的にも、**可能ならば、第三者を巻き込んで自分の説明を検証してもらうというのは効果的な方法**だと思います。

シンプルに「要点」を伝えるコツ

言い回しを自在に使い分ける

佐藤　わかりやすい説明というのは、相手によってレベル感が異なる場合もありますよね。相手が持っている知識や情報量に合わせて説明するということも意識する必要があると思いますが、池上さんはどのようなことに気をつけていますか？

池上　こちらの話を理解する素地が、どれくらい相手にあるか。ある程度の素地がある人に向かって初心者向けの話をすると「バカにしているのか」と不快に思われる危険性があるし、そこまで素地がない人に対して専門用語を多用すると「わけがわからない」と思われてしまう。これは非常に難しいところですけれど、**相手の素地の整い具合がわからない場合は、こまめに相手の反応を見ながらこちらが使う言葉や表現を調整すること**ですね。

佐藤　少し専門的な言葉を使ったときに、相手がどのような反応をするのか、チェックするということですね。

池上　そうです。**そのとき明らかにわかっていないと見て取れたら、言葉や表現のレベルを下げる。**しかし厄介なのは、わかっていないのに、わかったようなふりをして聞く人です。

佐藤　口では「なるほど」「はいはい」などと言っていても、目つきやうなずき方などで、こちらは何となく「わかっていないな」と気づいてしまう。

池上　とはいえ、「わかっていませんね」などと言うわけにはいきません。おそらく相手はプライドと見栄からわかったふりをしているのだから、そこを傷つけてはいけません。では、どうすればいいかというと、「しつこいようですが、今の話をさらに詳しくご説明しますと……」という具合に、**「あなたがわかっていることは承知していますが、こちらの勝手でさらに噛み砕いているのですよ」という一言を添えればいい。**

佐藤　なるほど。そういう気遣いは必要ですね。ワンクッション置くことで相手のプライドを傷つけずに、こちらの意図を理解してもらえるでしょう。

「伝えたい一文」は驚くほど短く

池上　ただしダラダラ話すのは禁物です。どのレベルで説明するにしても、**要点を端的に伝える。そのためには、一文一文を極力短くする。**これは何かを口頭で説明するときにはとくに意識すべきことです。書かれた文章は、読み手が文章を行ったり来たりできます。つまり途中でわからなくなってしまったら、前に読んだ説明を自由に「読み直す」ことができる。しかし話し言葉はどんどん流れていってしまうから、聞き手の勝手で「聞き直す」ということができません。

佐藤　だから話し手としては、ひと発話ごとにしっかり相手の頭に入れていかなくてはいけないわけですね。内容をひとつひとつ相手の頭に刻みつけながら話を進める。一文が長いとそれが難しい。人が一度聞いただけで完全に飲み込める文章は、驚くほど短いと心得たほうがいいですね。

池上　そうですね。だから一文は短く。これに加えて、要点がわかるように話すには、事前の準備で「要するに」どういうことなのか、「つまり」これは何なのか、というふうに**「要するに」「つまり」を枕詞のようにして組み立てて整理する**といいでしょう。

佐藤　ダラダラと長い説明を聞いていると、人は「要するにどういうこと？」と聞きたくなります。おそらく読者も、自分が聞く側に立ったときに、相手の説明が要領を得ずにイライラした覚えがあるでしょう。

池上　そんなふうに人を不快にさせないように、自分のほうであらかじめ「要するに」「つまり」と煮詰めておけばいいわけです。

佐藤　逆に自分が**聞き手になったときには、「つまり」「要するに」が本来の機能を果たしているか、という意識で聞く**といいかもしれません。「つまり」と言っているところがつまっていない。「要するに」と言っているところが要されていない。そういうこともよくあるからです。

池上　たしかにそうですね。「つまり」「要するに」と言われると、何となく要領を得ているように聞こえるけれど、騙されてはいけないということです。

佐藤　この話で思い出すのは、黒田寛一という哲学者が書いた『読書のしかた』（こぶし書房）という本です。題名通り「読書法」が記された本ですが、黒田は、毛沢東は「つまり」と言ってもつまっていないなど奇妙な接続詞の使い方をしていると指摘しています。今話に出た「つまり」「要するに」を適切に使い分けられるような論理力を磨くという点で役立つと思います。

池上　「読書するとはつまり、どういう行為か」という話に始まり、いかに読むべきか、読んだことをどのようにしてノートにまとめたらいいか、またそのノートをどう活用するかなど、技術的な話が満載です。学生時代に勉強のために読みましたが、とてもおもしろかった。

佐藤　黒田寛一は革マル派の指導者で、『読書のしかた』は投獄されたメンバーに向け、獄中でどう本を読んだらいいかを説いたものです。だから、序文からして「獄中の仲間たちへ」と題されているし、内容も「多くの同志が『転向』させられてきた独房内で、いかに革命の意志を保つか」「仰向けで読みながら、真っ直ぐに本に傍線を引くにはどうすればいいか」などといった話が出てくるのですが、純粋な読書術指南書として、大変優れています。文庫化すれば一般向けにも十分売れる可能性があると思いますよ。

池上　ただ、当然ながらマルクス、レーニンの著作が頻繁に例示されているなど、今の読者には読みづらい印象を与えるかもしれませんけどね。

佐藤　たしかに。本書は人によっては食傷気味になるかもしれませんが、思想的なところは読み飛ばしてでも、おすすめしたい1冊です。

池上流・論理的な伝え方の極意

①副詞の「つまり・要するに」を正しく使う

✕ 私の家庭は妻も私も仕事をしている。つまりとても忙しい。
（「つまり」の前の文章の要約になっていない）

○ 私の家庭は妻も私も仕事をしている。つまり共働きだ。
（「つまり」の前の文章の要約になっている）

②接続詞の使い過ぎに注意

✕ 今日は早起きした。そして仕事がはかどった。そして読書の時間をたくさん作ることができた。
（接続詞を連続して使うと稚拙な印象になる）

○ 今日は仕事がはかどった。そして、仕事以外に勉強する時間も持てた。
（接続詞はピンポイントで使う）

③「ですが」は逆説で使う

✕ 先日ゴルフ大会がありましたが、そこで部長が挨拶しました。部長は大会で入賞したのですが、ご満悦でした。
（順接の「が」が連続していると論理的に伝わらない）

○ 悪天候ではありますが、ゴルフ大会を開催します。
（逆説の「が」）

接続詞を使わずに語る

佐藤　もう1冊挙げると、野矢茂樹さんの『論理トレーニング101題』（産業図書）という本。「次の文章を読んで、適切な接続表現を選べ」といった実習がついており、論理的に説明する力を身につけるための非常に実用的な内容になっています。

池上　「トレーニング」と題されているだけありますね。接続表現というのがまた曲者です。使いすぎるとうるさいし、どこか知性に欠ける、あるいは小学生が書いた作文のように稚拙な印象になります。「そして」、「そして」、「そして」で文章はつながりますが、論理的ではありません。

佐藤 ただ要素を並べただけでは、「説明」にはなりませんね。

池上 「～ですが、」も同様です。**逆説の「～ですが、」ならば論理的「ですが」、順接の「～ですが」が連続するのは論理的に考えていない証**でしょう。「一文を短く」という先ほど挙げたルールにも反して、一気にわかりにくくなってしまいます。会話では、接続詞をいかに使うかよりも、いかに使わないか。論理的に説明しようとすれば、自然と接続詞の使い方にも慎重になるはずなのです。

毒舌を吐いていい人、悪い人

部下や後輩に怒ってはいけないのか

佐藤　ところで池上さん、**今は部下や後輩への物事の伝え方にも神経を尖らせなくてはいけないようです。**

池上　上司が部下を叱りたくても叱れない、なんてことも言われていますね。

佐藤　いかに傷つけないように叱るかに加えて、いかにほめるかも重要になりつつあるんです。たとえば、旧知の編集者が若い編集者を連れてきたときなども、「この子は○○大学でロシア文学を勉強しており、非常に有能なんです」などとやたらとほめる。ひと昔前なら「4年間も勉強した割に、ろくに話せないみたいですけどね」なんて少しオチを作ったりしたものですが、それをいっさいしない。なぜかと聞いたら、今の若い人は少しでもいじられたり非難されたりするとシュンとしてしまって、会社に来なくなってしまうからだと。

池上 そこまで上司が気を遣っているとは。テレビ局ではあまり見かけませんが、そういう傾向も見られるんですね。

佐藤 はい。少しずつ慣らしていかなくてはいけないのだけど、人に紹介するときなどは、とりあえずほめることにしているようですね。ただしほめればいいのかというと、これがまた塩梅が難しく、部下が2人いたら、片方だけほめるわけにもいかない。両方ともほめなくてはいけない。そうなると、先ほど池上さんがおっしゃったように、「叱る」というのも非常にやりづらい。上に立つ人たちにとって、今は大変な時代になっています。

池上 時代は変わりましたね。私が1973年にNHKに入局したころには、ちょっとモタモタしていると「バカヤロウ！　お前なんて辞めちまえ！」なんて怒号が飛んできたり、書いた原稿を、どこが「悪い」も「いい」もなく、ただ「やり直し」とだけ言われて目の前でゴミ箱に捨てられたりしたものです。辞めたいと思ったことも数知れませんが、どうにかやってきた。このような上司の言動は、今だったら大問題でしょうね。

佐藤 池上さんの印象として、上司の部下への接し方が変わってきたのはいつごろでしたか？

池上　私自身が最初に変化を感じたのは、1980年代ですね。バブル世代の入局組は本当に辞めてしまうから「辞めちまえ！」と言ってはいけない、と上から通達があったことを覚えています。最近では、知り合いのテレビプロデューサーが「てめー！」なんて言って部下を叱ったら、「パワハラだ」と訴えられて停職処分になったという話もありました。

佐藤　組織で上に立つ人は、このような点でも時代は変わっているという認識をしっかりともって部下や後輩と接する必要がありますね。

ほめるのは人前、叱るのは1対1

佐藤　近年ではお笑いブームの影響で、いわゆる「毒舌」「いじり」が一般的にも広がっています。一方には、それに傷つく人がいるということを問題視する声もある。ここでもコミュニケーションのあり方が問われています。

池上　たしかに**毒舌やいじりは、毒蝮《どくまむし》三太夫《さんだゆう》さんのようなプロがやるからこそ、「笑い」になる。**聞いている人たちはみずから、毒蝮さんにいじってほしがっているからこそ成立する話です。

佐藤　そうですね。その領域に素人が手を出したら、思わぬところで人を傷つける危険性も否めません。

池上　ただ、本当に仕事をするうえで厳しく注意しなくてはいけないことはありますよね。上に立つ人の心得としては、**「ほめるのはみんなの前で」「注意するのは1対1で」**と覚えておくといいでしょう。1対1で注意するときも、まずほめてから。「最近がんばってるよね。あの仕事はよかった。ただ、ここのところをもうちょっとこうすると、さらによくなるよ」という論法です。

佐藤　他方、**毒舌やいじりというのは、直接的な叱責や注意をカムフラージュする機能もあった**のではないかと思います。お笑いの世界から転用され、そういう文化として根付いてきた部分もある。でも、それをどう受け止めるかは人それぞれ違うというのが、非常に難しいところですね。

池上　芸人さんたちが互いをいじって笑いを取るのはプロ同士のやり取りですが、一般の世界では、笑いにおいては素人同士になりますからね。何事もそうですが、軽い気持ちでプロの真似事をするのは賢明ではありません。

佐藤　『上司の「いじり」が許せない』（中野円佳著・講談社）という本もあるくらいですから、やはり避けたほうが無難です。下手に人をいじると人事案件になって、大量の調書を取られる事態になりかねません。

池上　時間も無駄になるし、精神も消耗する。まったくいいことはありませんね。

佐藤　どうしても注意しなくてはいけないときは、先ほど池上さんがおっしゃった「1対1で、ほめてから注意する」というのに加えて、**メールで伝えるというのも手だ**と思います。きわめてビジネスライクに要件のみ、「ここに問題があるので、改善してください」と伝える。その文面に誠意がこもっていて、それこそ明快で「わかりやすい」説明であれば、相手もすんなり飲み込むことができるでしょう。

説明力は「知識の運用力」

教養がにじみ出る「たとえ話」

池上　ところで佐藤さんは、何かを説明するときにパッと適切なたとえ話をしたり、海外・国内を問わず文学作品などから表現を引いたりしますよね。聞いているほうは一瞬、「何の話だろう?」と思うんだけど、興味を引かれて、聞いていると「ああ、そういうことか」と説明が腑に落ちる。そういうパターンの会話をすることが多いように見受けられます。要するに、**言葉の引き出しが多い。これもじつは、わかりやすい説明ができるようになるには大切**です。

佐藤　その物事だけを四角四面に説明してもおもしろくありませんし、おもしろくなければ相手の理解も深まりません。「たとえばこういうこと」という具合に、話に広がりをもたせたほうが頭に入りやすく、記憶に残りやすいんですよね。それは池上さんも、日々の仕事のなかでつねに意識されていることではないでしょうか。

池上　はい。**「たとえる」「置き換える」というのは、わかりやすさの要諦**です。それにしても佐藤さんとこうして話していると、つくづく教養とは「知識の運用力」なのだと改めて思いますよ。いろいろな知識を頭の中にため込んでいるだけでは、単なる「物知り」です。クイズでは高得点を取れるかもしれませんが、「知っているからって、それが何？」で終わってしまいます。

佐藤　知識は適時、有効に使ってこそ有意義なものですから、教養とは「知識の運用力」というのは非常にうなずかされます。

池上　適時、有効に使うためには、知識と知識をつなぎ合わせ、点から線、さらに線から面で物事をとらえられるようになる必要がある。このように**運用してはじめて知識は有意義な教養となり、その教養をもってして、わかりやすい説明もできるようになる**わけです。だから重要なのは、いろいろな知識をため込んでおくだけではなく、これらの知識と知識はどうつながるだろうかと、つねに考えることなのです。

話題の引き出しを増やすインプット術

佐藤　教養が「知識の運用力」とすると、運用するその知識をどこから仕入れるかというのも重要なポイントですよね。ビジネスパーソンは時間的制約がきついとは思いますが、浅く広くでもいいからいろいろな立場から書かれたものに触れることかなと思います。池上さんも、読まれている雑誌のジャンルはリベラルから保守まで非常に幅広いですよね。

池上　そうですね。ときには戦艦マニアが読むような軍事雑誌も手に取りますし、保守の雑誌だけれど安倍政権を批判していたとか、ちょっとスタンスが変わっているものも手に取ります。「あれ、佐藤さんが寄稿しているぞ」と、今まで手に取らなかった雑誌を読んでみることもよくありますよ。**知識の幅を広げるには、情報のインプット元を固定させないというのも重要**なことだと思っています。

佐藤　軍事系の雑誌も、マニアは嗜好的な視点で読むのでしょうが、我々にとっては「メカ」から世界情勢を読み解くという意味で非常に有用ですよね。国際政治は地政学的な条件のみならず、軍事技術的な制約条件によっても左右されます。端的に言ってしまえば、ある国がある国に打って出たいとしても、実際にどうするかは、要するに「そこまで飛ばせるミサイルが作れるかどうか」で決する部分が大きい。「メカ」という視点を持ち合わせていると、各国の動き方をよりリアルにつかむことができます。

池上 マニア向けの雑誌にも、そういう使い道があるわけです。

佐藤 ちなみに池上さんは、雑誌はどこで買われますか。

池上 もちろんネットではなくリアル書店です。自宅近くの書店もそこそこの品揃えなのですが、いちばんいいのは東京駅丸の内北口の丸善ですね。雑誌コーナーが充実していて、バイアス抜きでいろいろな雑誌を眺めていると、思わぬタイミングでおもしろい特集をしている雑誌に出合えます。

佐藤 **いろいろな雑誌を見比べられる「概観性」は、リアル書店に足を運ぶべき理由のひとつ**ですよね。ネット書店は、最初からお目当てのものを買うぶんには便利かもしれませんが、リアル書店は、ぶらぶら歩き回っているうちに、たまたま、予想外におもしろいものに巡り合える。情報のインプット元を増やす格好の場所だと思います。

第3章　まとめ

わかりやすく伝える話し方 7つの心得

心得1／自分自身が理解していないと、どんな相手に対してもわかりやすい説明はできない。

心得2／聞き手がイメージしにくい話題は、身近なたとえに置き換えて伝える。

心得3／抽象的な概念の説明では矢印・図形・ピクトグラムなどを活用して図解すると、聞き手の頭に「絵」が浮かぶ。

心得4／説明したいことを、ひとつひとつの細かい要素に「分ける」と、誤解されにくい。

心得5／人は誰しもバイアスを持っている。身近な第三者の目を通すことで、より公平でわかりやすい説明ができる。

心得6／要点を端的に伝えるために、一文一文を極力短くする。

心得7／会話のなかで順接の「〜ですが」を連続して用いると、伝わりにくくなる。

第 4 章

交渉を有利にすすめる伝え方

交渉は「どうにか折り合いをつける」術

対立を回避する「論点ずらし」

池上　ビジネスの場に限らず、家庭内でも友人・知人の間でも交渉して合意に達する局面はたくさんありますよね。本章では、とくに交渉を有利に進めるという点に焦点を当ててお話ししていきます。佐藤さんと言えば、並み居る各国の要人と難しい交渉を長年行ってこられたプロフェッショナルです。

佐藤　「交渉」というと、読者にとっては大変なことのように感じるかもしれません。しかしたとえば、妻に交渉力があれば、マイホームの間取りを妻の好きにできるよう夫を説得できるし、学生に交渉力があれば、ほしいものがあるときに、おばあちゃんからお小遣いを引き出すことができる。『交渉術』（文藝春秋）という本でも書いたのですが、**交渉とは「価値中立的」な技法**です。善、悪、双方の目的のために使うことができる。

リンゴの皮を剝く、人を刺す、どちらの目的にもナイフという道具は使える。それと同じことです。

池上　ある目的のために合意に達する。交渉とはそのためのプロセスですね。

佐藤　そもそもなぜ交渉するのか。今まさに池上さんがおっしゃったように、合意にたどりつくためです。なかには上層部からの指示で、最初から決裂させるために交渉の席につく場合もないわけではありませんが、それはかなり特殊ケースです。十中八九、お互い何とか折り合いをつけて合意に向かおうという意志をもっている。

池上　そうなると、ある論点で対立したとき、カッとして喧嘩腰になるのは得策ではありませんね。

佐藤　その通りです。**対立したりもめたりしたときには、いったん論点をずらすというのが基本的な交渉術**です。「ダメだこりゃ。次行ってみよう」と、「ドリフのいかりや長介」式で別の話を振るのがいちばんいい。

池上　男同士が殴り合いのケンカをしたあとに親友になる、という具合に徹底的にやり合うことで、かえって信頼関係が生まれることもありますけどね。ただ、これは相手と状況によります。絶対にケンカしてはいけない相手や状況だったら、佐藤さんのおっしゃったように論点をずらすやり方がいいでしょう。

合意できなければ、いったん放っておく

佐藤　とにかく交渉している以上は、話がまとまる方向にもっていくこと。議論を何度も重ねることでまとまりそうなら、徹底的に議論すればいいと思いますが、それには相当な信頼関係が必要です。**短い時間で、あるいはそれほど付き合いが長くない人と交渉して合意に達するには、「それは置いておいて、先に行きましょう」というのが通常のやり方**ですね。

池上　対立した論点は、そのままにしておくのも気がかりですが、必ずしも戻らなくてもいいんでしょうか？

佐藤　あとから戻って再び話すこともあれば、戻ってこないこともあっていい。別のところを詰めてもなお、どうしても、その対立した論点を克服しないことには話がまとまらない、ということだったら時間を置いて改めて議論する。でも**別のところを詰めて大枠で合意できると、意外と戻らなくて済むことも多い**のです。

池上　なるほど。落ち着いて考えてみれば、じつは詰めなくてもいいような些末《さまつ》なこ

とだった、というケースもよくあるのかもしれませんね。交渉というと、ひとつひとつ漏らさず丁々発止のやり取りをして詰めていくというイメージをもっている人も多いと思いますが、そこにこだわって交渉を滞らせてしまうくらいなら、合意できるところから順に詰めていくほうがいい。

佐藤　はい。すべてを議題に上げることが交渉とは限りません。**交渉しなくていいことは交渉しない。**なんだか禅問答みたいですが、交渉しないことも交渉の一部であると心得ておくことも重要なのです。

「会話をやめた15分間」で流れを変える

話の腰を折るテクニック「コーヒーブレイク」

池上　交渉中に議論がヒートアップしてしまった、あるいは相手のペースやロジックに飲み込まれそうになってしまった。そういうときにも、先ほどの論点ずらし同様、「いったん逃げる」という手法が有効でしょうか？

佐藤　外交や政治の世界でよく使われるのは**「コーヒーブレイク」**です。「ちょっとひと息入れましょうか」と15分くらいの休憩時間をとる。相手が「ここで逃がしてなるものか」といわんばかりに一気に詰め寄ってきても、「まあまあまあ、ちょっと休憩しましょう」と押し切る。

池上　疲れていなくても、喉なんか渇いていなくても、話し合いの場をリセットするための休憩ですね。リニア中央新幹線の件で、ＪＲ東海の社長が静岡県知事に直談判に行ったときの様子は、まさにそれでした。

佐藤　ＪＲ東海はリニア新幹線を開通させたい。静岡県知事は突っぱねたい。平行線の議論が続きました。

池上　おもしろかったのが、ＪＲ側が「国家のためにはリニア新幹線が必要なんです」とヒートアップすると、絶妙なタイミングで県知事の秘書がお茶を持ってくるのです。静岡県知事としては、リニア新幹線開通によって大井川の水系が損なわれてしまうというのが反対理由のひとつです。そこで秘書が出したお茶を指して「どうぞ召し上がってください。大井川を水源にした水で淹《い》れたおいしいお茶です」と。なかなか大したものだと思いました。

感情をリセットし、話者の勢いを削ぐ

佐藤　そうやってＪＲ側の話の腰を折って、勢いを削ぐ。まさにコーヒーブレイクを有効活用していたわけですね。ただ、リニア新幹線の話は、結局のところＪＲ東海の大ボスの葛西敬之《よしゆき》会長（当時。現在は名誉会長）が出てこないと話にならないというのも、双方、織り込み済みだったのではないでしょうか。葛西さん抜きで上層部の人間がポジ

ショントークを繰り広げても、結局、その人たちには権限がないから何もまとめられません。

池上 たしかにそうかもしれませんね。話し合いは結局もの別れに終わりましたから。要するに、「マスコミを入れて、やり取りをすべて見せます」という一種のパフォーマンスだった可能性がある。公開会合という時点で、取材に入る側は「今回は何もまとめる気はないんだな」とわかっていたのでしょうが。

佐藤 ただ、JR東海側の勢いに押されそうなタイミングでスッとお茶が出ているのを見ると、「ははあ、こうやって話の腰を折ってるんだな」と、見ているほうとしてはおもしろかったですね。

池上 はい。きわめて古典的なやり方ですが、今なお効果の高い交渉時の1テクニックとして、よく使われていることがわかりました。

佐藤 飲み物をとると感情が落ち着くものです。**ちょっと何かを飲むだけで、お互い冷静になって論点を整理したり、こちらを巻き込もうとしている相手の勢いを削いだりと、交渉の流れを一変させることができる。**苦しい局面では非常に効果的ですね。

「言いにくい話」をするタイミング

大きく騙すために、小さく信頼させる

佐藤　交渉で鍵を握るのは「相手との信頼関係」であることは、言うまでもないでしょう。ただし、**信頼関係とは基本的には「守るべきもの」であると同時に、必要とあらば「壊すため」に築くもの、**という発想は頭の片隅に置いておいたほうがいいと思います。

池上　ときにはこちら側の利害や信義のために相手を裏切らなくてはいけないこともある。――シビアな心得ですね。それまでに築いた信頼関係を壊すわけですから、相当な覚悟が必要でしょう。

佐藤　たとえば、これこそ池上さんの領域かと思いますが、有能な政治記者は、とある政治家から聞いた話を別の政治家に話すというような情報の横流しは絶対にしません

よね。

池上　もちろんです。相手から信用されなくなったら、二度と情報が取れなくなってしまいますから。オフレコのものは公表しないというのがジャーナリストの基本の作法です。

佐藤　そのマナーの背景には3つ理由があると思うんです。まず一つめは、相手を信用していないから。つまり、誰からどこにどんな情報が流れているのかを、相手の政治家がつねにチェックしているかもしれないと思っているということです。2つめは、政治家に信用されるためですが、さらに3つめは、まず**信用させておいて最後に大きく騙すためなのです。**

池上　「オフレコは公表しない」というのは法律で定められたものではありません。要人と各メディアとの間で、そういう契約が結ばれているわけでもない。まさに紳士協定ですね。考えてみれば、オフレコなので絶対に報じませんというのは、完全に権力側におもねるということですから、そうなるともはや、ジャーナリストとは言えなくなります。

佐藤　ジャーナリストではなく都合のいいフィクサーですね。残念なことですが、日本では、フィクサーの機能を果たすことを一級のジャーナリストになることだと勘違いしている人も多い。

こう言うと乱暴かもしれませんが、ジャーナリストは書いてなんぼです。その政治家との信頼関係と、国民の知る権利を天秤にかけたときに、これは国民の「知る権利」のほうが上回るとなれば書く道を選ぶ。もうその政治家と金輪際《こんりんざい》付き合わなくていいという覚悟で、それまでに聞いた内緒話などを一気に暴露する。それが職業的良心というものです。

池上 日本は欧米と比べてジャーナリストとフィクサーの境界線が曖昧ですが、そこは、はっきりさせるべきだと思います。より強い力におもねって自分を曲げてはいけない、という意味では、仕事を問わず当てはまる話ではないでしょうか。

佐藤 どんな間柄にも紳士協定はあり得るし、そういう暗黙の了解があるからこそ、相手から必要な情報を引き出すなど仕事がスムーズに進むことも多い。とはいえ、相手の都合のいい存在になってはいけません。必要とあらば、みずからの利害や倫理観、使命感に従って紳士協定を破り去る覚悟をもって人と相対する。これはすべての人が肝に銘じておくべきことだと思います。

ジャーナリストはこうして「オフレコ」を破る

池上 そういえば元時事通信の田﨑《たざき》史郎氏は、その昔、小沢一郎と緊密な関係を築いていましたが、あるとき小沢一郎のオフレコ話を『文藝春秋』で公表してしまった。「オフレコ破りだ」と大騒ぎになって、彼は停職と減給の処分を受けましたね。

佐藤 小沢一郎がオフレコで中曽根康弘元首相を評して「担ぐミコシは軽くてパーがいい」とか、海部《かいふ》俊樹首相（当時）を評して「海部は本当に馬鹿だな。宇野（宗佑）の方がよっぽどましだ」とか語ったと暴露した記事ですね。それで田﨑史郎氏は政治家や会社からの信用を失ったわけですが、今はフリージャーナリストとして仕事を続けている。あのタイミングでオフレコを公表したことが、ジャーナリストの選択として間違っていたかと言えば、そうともいえないでしょう。

池上 とはいえ、今までに築いた信頼関係を壊すのなら、それ相応の理由は必要です。

佐藤 おっしゃる通りですね。**ジャーナリストならば、みずからの存在意義である「国民の知る権利」のためなら、たとえ信頼関係を壊すリスクを負ってでも書くべきことを書く。**これは政治部という特殊な世界に属する人に限った話ではなくて、すべてのジャーナリストに言えることです。他の仕事でも類似した職業的良心があると思います。

池上　ジャーナリストに「国民の知る権利を守る」という職業的役割意識があるように、どんな仕事にも何かしら役割意識があるはずですからね。

佐藤　はい。自分は何のために、その仕事をしているのか。みずからの存在意義や職業倫理など、もっとも優先順位の高いことを守るため、職務をまっとうするために、たとえ恨まれようとも、ときには相手を裏切らなくてはいけない局面があるかもしれない。「裏切る」というのは、「相手の期待に応えない」「強い要望を断る」なども含みます。そう考えれば、なるほど自分にも当てはまるな、と思う人は多いでしょう。

池上　冒頭の佐藤さんの話に戻れば、**誰かと本物の信頼関係を築くなかでは、「いざというときには、この人を裏切る」という覚悟、もっと言えば、ある種の腹黒さを持ち合わせておく**ことも必要というわけですね。

緊急事態の虎の巻「事情変更の法理」

「事情が変わったので、約束を守れません」

佐藤　相手を裏切るというと、もっとすごい「虎の巻」的な伝え方もありますよ。これは**本当にあぶない非常事態にしか使えない禁じ手ですが、「約束はしたが、約束を守ることは約束していない」**。ヘーゲルの『歴史哲学講義』（岩波文庫）で学んだ論法です。

池上　多用したら誰からも信用されなくなるという、非常に破壊力の強い論法ですね。

佐藤　たしかに、しょっちゅう使ったら人間性を疑われます。ただ、これは**「事情変更の法理」**と呼ばれ、国際法で認められているロジックなのです。平たく言えば、「約束をしたときとは事情が変わった。したがって約束を遂行することができなくなった」ということ。

池上　使い方には要注意ですが、本書の読者も、最後の手段の伝え方として覚えておくといいかもしれません。

佐藤　そう思いますね。というのもじつは、学生にこの論法を使うようにすすめることがあるんです。たとえば2020年はコロナ禍の関係で地方公務員と国家公務員とでは、地方公務員の合格発表のほうが早かったんです。すると、地方公務員に合格した学生が「国家公務員も受けていて、最終まで残っている」と伝えると、決まって地方の役所から「国家公務員のほうは辞退してください」と言われる。

池上　国家公務員の合格にかけて地方公務員を蹴るか。国家公務員は見切って地方公務員をとるか、その選択を迫られるわけですね。

佐藤　その学生としては、国家公務員に合格するとは限らないから、合否がわかるまで地方公務員は辞退したくありません。それで困って「どうしたらいいか」と相談してきたので、「まだあなたは公務員になったわけではないから、上司の命令に従う必要はない。さらに職業選択の自由は憲法22条で定められているのだから、間違っているのは辞退しろと言っている相手のほう。したがって嘘をついてもかまわない。辞退したと伝えておいて、最終的に国家公務員に受かったら、地方公務員のほうを蹴ればいい」と伝えました。

池上　それで地方の役所が文句を言ってきても、「事情が変わったから約束を守れなくなった」「地方公務員になると約束はしたけれども、約束を守るとは約束していない」と言って押し通せ、と。これはまさに「事情変更の法理」ですね。でも、もっとシンプルに考えることもできませんか。「辞退しなさい」と言われたら「辞退します」と言っておけばいいんですよ。そうすれば、「あのときは『辞退します』と未来形で思ったんだけど、その後、考えが変わって辞退しなかったんです」と逃げ切れるのではないでしょうか。

佐藤　そこは地方の役所も心得たもので、あえて「辞退しましたね」と過去形の言い方で電話で確認をとってきたそうなので、やはり嘘をつかざるを得ない状況でしたね。

池上　なるほど。敵もさるものだ。

無理難題にはあくどく返答

佐藤　学生は本当にそんなことしていいのかと思ったかもしれませんが、真面目な話、これは**職業選択の自由の問題になるので、万が一、法廷で争うことになったとしても勝てます。**だから私は、「そういう場合は嘘をついてもいい」と伝えたわけです。相手が明らかに間違っていて無理筋を通そうとしているときには、嘘をついてでも対抗するしかありません。

池上　たしかに、すでにフェアでなくなっている状況下では、こちらもある程度、あくどくやる必要がありますね。正直者がつねに報われるわけではないのが人の世ですから。

佐藤　そうですね。**嘘も「事情変更の法理」も、本当に追い詰められたときのための切り札**です。それほどの非常事態になることなんて、そうそうないと思うかもしれませんが、非常事態もいろいろなものがありますし、いつ誰の身に起こってもおかしくありません。

池上　考えられるのは、上司から違法な経理処理を指示されたとか、取引先から書類を改ざんしてほしいと言われたなどでしょうか。

佐藤　そういうケースはじつは多いでしょうね。そこで断ったら相手に目の敵にされて立場が悪くなることは明白です。もちろん、きちんとした会社ならばコンプライアンス室に駆け込むのもいいでしょうし、組織ぐるみで不正を働いているようなら会社を辞めてしまえばいい。でも、**いずれでもない第3の道として、「やる」と答えておいてあ**

とから「やらない」というのもありなのです。そしていざとなったら「やるとは言いましたが、本当はやりませんでした」と開き直る。仕事人生、そこまでしないと身を守れないっていうこともときにはありますよ。

池上　だから、嘘も「事情変更の法理」も、相手との関係が切れてしまってもいいくらいの最終段階で使うものだと心得ておく。

佐藤　そもそも切り札って、そういうものですよね。ただし当然ですが、自分のほうにそうするだけの正当な理由がないといけません。

「嘘はついていない、事実を言っていないだけ」論法

あえて「すべてを明かさない」話し方

池上　第2章でお話ししたように、「嘘をつかない」というのは基本中の基本。しかし一方で、さまざまな利害が絡み合うビジネスの世界は、バカ正直というだけではやっていけないというのも事実でしょう。

佐藤　それはそうなのですが、真っ赤な嘘はやはり避けたほうがいい。ではどうしたらいいかというと、「嘘はついていないが、事実は明かしていない」という方法をとることです。たとえば銀座のクラブのママさんが、じつは3回離婚しているんだけど、正直に言うとお客さんが遠のいて利益が下がるかもしれない。そう考えるのなら、離婚したという事実は明かさずに「独身です」と言えばいい。

池上　今は独り身なのだから、たしかに嘘ではない。

佐藤流・どんな相手にも言い負かされない話し方の極意

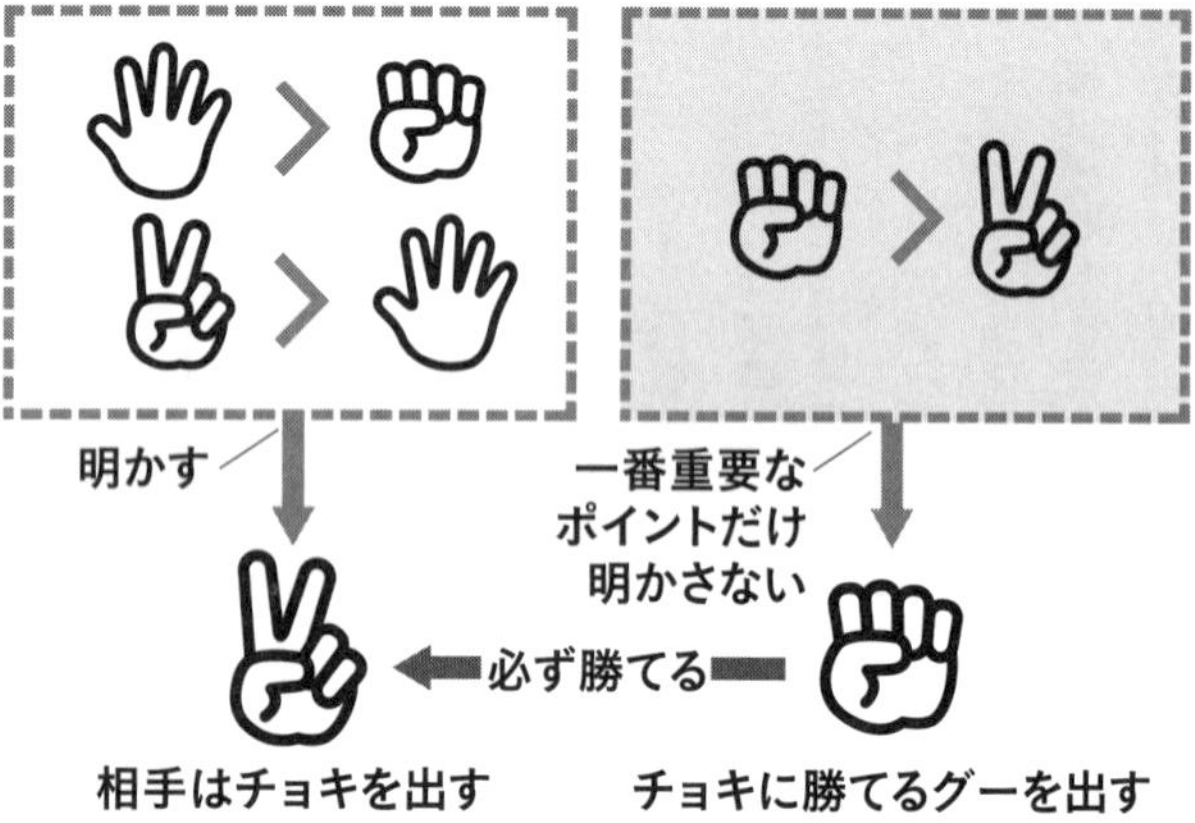

佐藤　はい。**決して嘘はつかない、ただ本当のことは全部言わない、という論**法ですね。グーよりはパーが強い、パーよりはチョキが強い。そこまで説明して、チョキよりはグーが強いというのは言わないでおく。そうすればみんなチョキを出すから、自分はグーを出せばいい。「悪かった悪かった、じつはチョキよりグーのほうが強かったんだ」と言って、全員に勝てるわけです。

池上　実際には、最後に種明かしまでしてしまうと非難轟々《ごうごう》で恨まれてしまいます。**ポイントは、「チョキよりグーは強い」ということは明かさないこと。つまり本当に大事な部分は伏せておく。**そして密かに勝てばいいということですね。

佐藤　そうです。もうひとつ、おもしろい例を挙げましょう。「ここは熱帯です。大きな動物がいます。足はこんなに巨大で、肌はザラザラしていて少し毛が生えていて、細い尻尾がついています。暴れると猛烈な力があって怖い動物です。さて何の動物でしょう？」――これはロシア人がよく用いる論法です。

池上　たいていの人は「象」だと思うんだろうけど、本当は……という話ですよね。

佐藤　正解は「サイ」。「象だって当てはまるじゃないか」と言っても「いや、じつは鼻は長くない」「そんなこと言わなかったじゃないか」と言っても「鼻は長いのかと聞かなかったお前の落ち度だ」というわけです。こんなふうに、こちらから積極的に嘘はつかないんだけど、**本当のことはすべては言わないでおいて相手を誘導し、会話を有利にもっていく**というのはひとつのテクニックと言えます。

「余計な一言」のボーダーライン

池上　これは警視庁の捜査一課長にも求められる能力です。私の記者時代にもよくあったことですが、現場の刑事などへの聞き込み取材でわかったことを記事にする場合、捜査一課長に「明日、こういう報道を出します」と伝えたり、最終確認として捜査一課長に当たったりするというのが通常のプロセスです。そういうときに、できる捜査一課長というのは、本当に必要なこと以外はいっさい話さない。「それを書かれては困る」と思って安易に嘘をつくと、メディアから恨まれます。だから、できる捜査一課長は決して嘘をつかない、だけど余計なことは話さない。感心しましたね。

佐藤　「余計なことを話さない」というだけでも、交渉においてはかなり相手を牽制《けんせい》できます。読者は、この捜査一課長方式を真似ることから始めてもいいでしょう。それにしても、メディアを相手に嘘をつくと必ずしっぺ返しを食わされるというのを、やはり警察側は警戒しているんですね。

池上　それはそうです。その嘘のせいで、事実を伝えることを使命とするメディアが誤報を打ってしまうのですから恨み骨髄《こつずい》に徹す、ですよ。力のあるメディアなら、刑事部長や警視総監に「あの課長は信用できない」とクレームを入れるところでしょう。「よくもうちの社員に誤報を打たせたな」と、その怒りは尋常ではありません。

佐藤　何が何でも足を引っ張って、キャリアをめちゃくちゃにしてやるといった具合の話になります。

池上　だから、本当にできる捜査一課長は、微妙な言い方をすることも多かったですね。**記者をミスリードしておいて、「嘘をつかれたかと思ったけど、あとからよく考えたら嘘じゃなかった。**だから責められない」と思わせる。「その部分は本当に正確かな」「それを書くと恥をかくよ」なんて言って、「書かないほうがいい」と匂わせるのが非常にうまい。ミスリードされたのは自分のほうだから、理解しきれていなかった自分が悪かったんだと、そう相手に思わせるような捜査一課長がいたものです。

佐藤　「恥をかくよ」というのは、誰が、という主語がありませんからね。聞いたほうは「自分たちメディアが恥をかく」と受け取ってしまうけど、向こうとしては「警察が恥をかく」という意味かもしれない。これもまさに**「みなまで言わない」**というテクニックです。

自分の首を絞める相づち

「承知しました」はグレーゾーン

佐藤　交渉の際に、もうひとつ気をつけたいのは「相づち」ですね。下手に相づちを打つと、相手の言っていることを受け入れたと解釈されてしまう。口頭でも録音されていたりすると、自分が打った相づちがあとあと自分の首を絞めるような事態になりかねません。

池上　たとえば無理難題を突きつけられたときに、「あなたの要望が何なのかは理解しました（しかし、その通りになるとは限りません）」と示すべきところ、「あなたの言っているように致します」と受け取られる相づちを打ってしまうと大変な事態になります。「承知しました」だと危うい。「お話は承りました」ならば「話は聞いたし理解もしたが、それだけ」という意味の相づちになりますね。

佐藤　それで思い出すのは田中角栄とブレジネフの会談です。ブレジネフには「ダー」というクセがありました。これはロシア語で「わかった」という意味です。田中角栄が「北方領土問題は、第二次世界大戦で残った未解決の問題に含まれる」と詰め寄ったときに、ブレジネフは思わず「ダー」と答えた。あくまでも「あなたの言っていることはわかった」の意味で言ったはずなのですが、日本側はこれを「わかった」、つまり「北方領土問題も未解決の問題に含まれる」とブレジネフが認めたと受け取った。しかしそのことはロシア語の共同声明に書かれませんでした。

池上　気になるのは、日本側はわかっていてやったのか、それとも勘違いだったのか。

佐藤　ブレジネフに北方領土問題を認めさせたかのように言われていますが、私は、日本側は「認めた」と信じ込んでいたと思います。

もっとも外交の世界では合意文書に書かれていない事柄について「言った」「言わない」と水かけ論をしても意味がありません。ブレジネフが「ダー」と言ったと日本側が確信しているならば、文書の詰めをもっと徹底的に行う必要があった。共同声明に「領土問題も含む」という文言がなかったことで勝負はついています。日本の負けです。

「理解」か「同意」か、はっきり言う

池上　たとえば台湾の地位の問題などでも、「台湾は中国と不可分の領土である」という中国の言い分に対して、「あなたが言っていることはわかりました」というのは、「あなたの言い分は理解した」、つまり「take notes（記録に残しておく）」ということに過ぎませんね。「理解したからといって同意するわけではない」と。

佐藤　ここで「おっしゃる通りです」「わかりました」などと言ってしまうと、「あなたの言い分に同意します」という意味に受け取られてしまったとしても文句は言えません。外交に限らず、どんな状況においても、相づちには気をつけたほうがいいでしょう。

池上　値段交渉などの微妙な交渉のときに、「当社の予算が厳しいので、ぜひこの値段でやってください」と言われても、こちらにはこちらの採算性があって、守らなくてはいけない最低ラインというものがある。そこで「わかりました」と言ってしまうのは危険ですね。

佐藤　それは避けないといけませんね。「理解した」なのか「同意した」なのか、その境界線をしっかり引くためにも、「わかりました」なんて安易に言わないほうがいい

し、もし相手が「わかりました」と言ったら、それは「理解」の意味で言っているのか、それとも「同意」の意味で言っているのか、きちんとその場で詰めることです。

第4章　まとめ

交渉を有利にすすめる伝え方
7つの心得

心得1／相手と意見が合わなかったり、もめたりした場合は、いったん「論点」をずらす。

心得2／別の話題で合意できると、意見が合わなかった「論点」を詰める必要がなくなることは多い。

心得3／「交渉しなくていいことは交渉しない」ことも、重要な交渉術である。

心得4／議論がヒートアップした際「コーヒーブレイク」で会話を中断すると、交渉の流れを変えることができる。

心得5／緊急事態には、「約束はしたが、約束を守ることは約束していない」という「事情変更の法理」の手もある。

心得6／「嘘はつかないが本当のことは全部言わない」論法で、相手を誘導し、会話を有利にもっていくことができる。

心得7／相づちでは、「理解した」のか「同意した」のかをはっきり示すことが大切。

第 5 章

相手をのせる上手な聞き方

声に出さない相づち

感嘆、関心、疑問を言葉以外で伝える

佐藤　前章の最後で、相づちについて触れました。私の観点だと、どうしても外交官としての経験から、「交渉で相手の論法にのせられて、自分の首を絞めないように」という観点になる。一方、ジャーナリストである池上さんの観点からだと、また違った話になりそうです。

池上　そうですね。ジャーナリストの場合は「取材相手からいかにうまく話を引き出すか」が仕事の結果を左右しますから、相づちも、おのずと相手が気持ちよく話せるようにする、ということになります。ここで読者にも少し振り返ってみてほしいのですが、誰かと1対1で話した後に「なんだか気持ちよくいろいろ話せたな」と感じるのは、どういうときでしょうか？　おそらく、相手が聞き役に徹してくれたときだと思います。

佐藤　**聞き役と言っても、ただボーッと聞いているわけでも、ただうなずいているわけでもありません**ね。

池上　そうですね。「うんうん」「なるほど」「そうなんですね」「へえ～！」などと適宜、相づちを打ち、ときには「それはすごいね／ひどいね／悲しいね」などと共感を示したり、「そういうときはどうするの？」と質問を投げかけたりする。そういう人と話すとき、誰もが自然と「気持ちよく話してしまう」ものなのです。

佐藤　第2章でも述べましたが、人は誰でも「自分の話を聞いてほしい」という欲求がある。**聞いてくれる人の相づちがうまいと「ちゃんと話が届いている」感じがして気持ちよく話せる**わけです。

池上　聞くときのボディランゲージも重要です。たとえば「なるほど！」という顔で大きくうなずく。これはテレビ業界の初歩的なテクニックです。話を聞くときには、当然ながら相づちを打たないと相手は話しづらい。しかしテレビでは、インタビュアーが「はい、はい」「なるほど」「へえ～」などとたびたび声を発するのはご法度《はっと》です。なぜかというと、編集作業に骨が折れるから。撮影した映像を放映用に編集する際に、インタビュアーの相づちをカットする手間が生じてしまう。だから「極力、声を出すな」と最初に叩き込まれるのです。

佐藤　声を発さない相づちとは興味深いですね。するとおそらく読者は、声を出さずに、どうやって相手に気持ちよく話してもらったらいいか気になるところでしょう。

池上　たとえば、マイクを向けながら最初に質問する。相手が話し始める。話し続けてもらいたいときには、大きくうなずきながら聞く。これが相づちの代わりになります。つまり**「はい、はい」「へ〜!」などといちいち声に出さなくても、身振り手振りで「関心をもって聞いています」「感激しています」というメッセージを相手に送ることができるわけです。**

佐藤　たしかに、しぐさだけで伝えられることは多いですよね。でも海外に行くとしぐさの文化も違いますから旅行の際は要注意です。たとえばブルガリアでは首を縦に振ると「ノー」、横に振ると「イエス」、日本と正反対なんです。それにしても池上さん、声を発しないコミュニケーションはテレビ業界の初歩的な心得とおっしゃいましたが、今まさに別の意味で必要とされていると思いませんか?

池上　そう思います。というのも、リモートミーティングでいちいち声を出して相づちを打つと、互いの声がかち合って聞き取りづらくなってしまう。

佐藤　人間の耳はよくできていて、対面だと声と声がぶつかっても聞き分けることができるのですが、画面を介して会話していると、非常にやりづらいんですよね。だからといって静止画のように黙っていては、相手は話しにくいし、きちんと話が伝わっているのかもわかりません。

池上　電波状態が悪くてフリーズしているのではないかと勘違いしてしまいますよね。大きくうなずけば、声を発さずとも相手に「聞こえていますよ」「理解していますよ」と示すことができる。それだけではありません。よくわからなかったところをもっと説明するよう相手を促すことも、じつはしぐさひとつで可能なのです。声を発さずに「はい？」という表情をすればいい。

佐藤　なるほど。リモートでは大げさに振る舞ったほうが伝わりやすいですから、表情に加えてちょっと首をかしげるくらいしてもいいかもしれません。

池上　それもいいですね。相手の言っていることがいまひとつ理解できないときに、「それ、どういう意味ですか」「ちょっと意味がわからなかったのですが」などと言うと角が立ってしまいます。そこで **「はい？」という表情をすると、相手は「あ、今の話は伝わっていなかったようだ」と察して、気分を害することなく、みずから補足説明をし**

てくれる。これもテレビで身につけたテクニックです。

「おっしゃる通りです」は言いすぎ注意

池上 ただ「はい、はい」とうなずくだけが相づちではなくて、言葉を発しないジェスチャーも相づちになり得る。そうかと思えば、おなじみの相づちが逆効果になる場合もあります。

たとえば「おっしゃる通りです」はその筆頭です。相手に気に入られたいのはわかります。でも、それが過ぎて「取り入りたい」という気持ちが透けて見えてしまうと、かえって印象は悪くなる。**本心から深くうなずきながらの「おっしゃる通りです」はいいのですが、軽々しく何度も繰り返すのはやめたほうがいい**でしょう。

佐藤 「好かれたい」「気に入られたい」という気持ちが垣間見えたとして、それに応えたくなるかどうかはまた別の話ですよね。「おっしゃる通りです」と何度も言われると、「本当に同意しているんだろうか？ ただ気に入られたくて言っているだけだろう」という印象が強くなる。要するに中身が空っぽに見えてしまって、興ざめしてしまうことも多い。

池上　露骨に取り入ろうとしているということが見破られてしまう。取り入ろうとされると人は警戒しますから、賢いやり方ではありませんね。相手に賛同や敬意を示す作法はほかにもあるわけですから、いろいろ駆使すればいいんですよ。「へえ～」「なるほど！」「さすがですね」など。とはいえ、何を言っても「なるほど」、何を言っても「さすがです！」では、やはり嫌らしくなります。**言葉だけに頼らず、先ほど触れたような身振り手振りでの相づちも織り交ぜる**というのがいいでしょう。

人柄が伝わる聞き方

なぜあの人と話すと楽しくなるのか

池上　相手にいかに気持ちよく話してもらうか。こう言っては身も蓋もないかもしれませんが、これは経験を重ねて、だんだんと感覚をつかんでいくものですよ。当然ながら馴れ馴れしくてはいけないし、かといってガチガチの敬語で固めても親しみが湧かない。相手がアクリル板の向こう側にずっといるような感じで一向に心を通わせられず、口が重たくなってしまいます。

佐藤　いわゆる「人たらし」と呼ばれるような人は、そのあたりのさじ加減が非常にうまいですね。時折、言葉遣いや態度は崩れるんだけど、不思議とまったく無礼にはならない。**目上の人に対しても物怖じしない人のほうが、おもしろがられて好かれやすい**と思います。

池上　そうですね。ポイントは、第1章でも述べた、どこで敬語を崩すかですね。いや、「崩す」というと作為的になるので「つい、崩れてしまう」といったほうが適切かもしれません。夢中になるあまり敬語を忘れてしまってタメ語になってしまった、言葉が崩れてしまった、ということならば、たいていの相手は目くじらを立てませんよ。むしろ好印象を抱かれやすい。

佐藤　敬語なんてそっちのけになってしまうほど、相手の話に夢中になっているということですからね。

池上　その**言葉の崩れ具合から聞き手の感情が垣間見えると、親近感を抱きやすくなり、自然と口もなめらかになる**んです。そういう意味では、相づちも、大して堅苦しく考えることはありません。もちろん目上の人に対しては「はい」が基本です。だけど、話に聞き入るうちに、つい身を乗り出して「うんうん、うんうん」とうなずきながら聞くのなら、相手は「失礼だな」と思うどころか、「おお、そんなに私の話に興味をもってくれるんだ」と気持ちよくなって、もっとたくさん話してくれるはずです。

丁寧語、敬語は最初だけでいい

佐藤　敬語は読んで字のごとく「相手を敬う」言葉遣いですから、「私はあなたに敬意を抱いています」という目的が果たされたら、言葉の形式そのものには、あまりとらわれなくてもいいのかもしれません。もちろん崩れすぎてはいけませんが。

池上　**極端なことを言えば、最初さえきちんとした敬語を使っていればいいんです。**その後、不意にタメ口が出てしまうことがあっても失礼には当たりません。相手は、「この人は礼儀を知らないんじゃなく、礼儀を忘れるほど夢中になって私の話を聞いてくれているんだな」と受け止めるでしょう。

佐藤　今では誰かに話を聞きに行くより来られるほうが多い身としても、それは感じています。見るからに緊張してガチガチに敬語を使おうとしているのを見ると、なんだかかわいそうになってしまって「もっと肩の力を抜いていいよ」と言いたくなる。

池上　そうですね。ものすごく目上の人や尊敬する人が相手なら緊張して当たり前ですし、「失礼があってはいけない。正しい敬語を使わなくちゃ」と気を遣うのはよくわかります。でも相手も人間なのですから、ずっと敬語だと、やっぱり「ずっと他人行儀だな」「なんだか付き合いにくいな」と思われてしまう。「つい言葉が崩れてしまった」というのが、じつは血の通ったコミュニケーションのきっかけになるんだと、そう考えて、あまり堅く構えないほうがうまくいくと思います。

佐藤　ただ、話し言葉もバランスが肝心です。急にタメ語になって好感度や親近感が強まることもあれば、複数人数が集まっている場などでは、「この人たちは何か特別な関係にあるんじゃないか」と第三者に邪推されてしまう危険もあります。**敬語には、「裏側の関係性」を外部から見えなくさせる機能もある**ので、それが崩れたときに、部外者には窺い知れない関係性を垣間見てしまったように人は感じるわけです。

池上　本当は裏側なんてなくても、そう誤解されてしまうかもしれない。

佐藤　私などもそうでしたが、**目の前にいる人たちに、何か表向きとは違う関係性があるような雰囲気を察すると一気に警戒します。**たとえば表向きは仕事上の付き合いだという男女が、ある瞬間にふと互いにタメ語になったりすると、周りから「ひょっとして2人は性的な関係をもっていて、不当な利益誘導などが行われているのではないか」とまで勘ぐられるかもしれない。そういうリスクを踏まえると、複数人数で集まる場合などは、敬語は崩れても「丁寧語」はしっかり使うようにしたほうが無難でしょう。

さりげない言い換えで訂正する

言い間違いをお詫びさせてはいけない

池上　ここまでの話で、「話を聞きたい」という熱意が伝われば、それだけでも相手は気持ちよく話してくれるということは伝わったかと思います。要するに**相づちなどは、熱意を表すためのちょっとしたテクニック**というわけです。

佐藤　さて、相手が乗ってきたら、流れに棹《さお》さす勢いで、話をすべて聞き終えるまで気持ちよく話してもらいたい。ところが、その勢いに水を差しかねない瞬間が訪れることがあります。それは、相手が何かを間違ったとき。もっと言えば、**相手の間違いに自分が気づいてしまったとき。そこでまずい対応をしてしまうと、とたんに話の雲行きが怪しくなってしまう**可能性があります。

池上　そこで迷う人は多いでしょうね。

佐藤　たとえば、こんなことを言う政治家がいたらどうするか。「アラブ人はよくわからない。だからイランに対して、日本はもっと厳しく対処しないといけないね」と。

池上　アラブ人とイラン人はまったく系統が異なる民族です。言語的ルーツからしても、アラビア語はアフロ・アジア語系ですけど、イラン人が話しているペルシア語はインド・ヨーロッパ語系。アラビア語かペルシア語か、多くの日本人には違いがわかりませんが、たどってきた道のりがまったく違うわけです。

佐藤　じつはペルシア語はアラビア語よりも、むしろドイツ語や英語に近い言語なんですよね。でも右から書くニョロニョロとした文字を使う人々、ということでペルシア民族とアラブ民族を同じだと勘違いしている人は多い。

池上　そこで先ほどの佐藤さんの問いに戻りますが、**相手が根本的な間違いを犯しているのを指摘するのは難しい**ものです。とくに目上の人が相手だと、「先生、イラン人とアラブ人はそもそも違う民族ですから、ひとまとめにして語るのは間違いです」なんて言ったら相手は不機嫌になるでしょう。そうなると、こちらが聞きたい話も引き出しにくくなってしまう。さて、佐藤さんだったら、どうしますか。

佐藤　「先生、まったくおっしゃる通りです。たしかにイランには一部アラブ系の人

佐藤流・言い間違いの処方箋を出す極意

相手

「アラブ人はよくわからない。だからイランに対して、日本はもっと厳しく対処しないといけないね」

※イラン人とアラブ人は別の民族。ひとまとめにして語るのは間違い

「先生、まったくおっしゃる通りです。たしかにイランには一部アラブ系の人もいるわけですが、大半のイラン人はアラブ人とは違う民族でございますから、イラン人のことはアラブ人とはおっしゃらずにイラン人、もしくはペルシア民族とおっしゃったほうが、先生のご趣旨はより正しく伝わるかと思います」

← 冒頭で相手の意見をそのまま受け入れ、否定的な印象を持たれないようにする

← 後半で、さりげなく正しい言い方を添える

自分

もいるわけですが、大半のイラン人はアラブ人とは違う民族でございますから、イラン人のことはアラブ人とはおっしゃらずにイラン人、もしくはペルシア民族とおっしゃったほうが、先生のご趣旨はより正しく伝わるかと思います」と、官僚だったらこんなふうに言うでしょう。

池上　まずは相手の発言を「まったくおっしゃる通り」などと、受け入れる。その後に続く言葉では、間違いを指摘したり訂正したりせずに、

さりげなく「正確な言い方」を添える、ということですね。こう伝えれば、相手があとから「あ、いけない、間違えてた」とみずから間違いに気づくようにもっていくことができます。

「処方箋」としての言い換え

佐藤　はなから間違いを指摘すると、相手が話していることのすべてを否定している印象を与えかねません。でも「趣旨は変わらないけれども、細部にちょっとした認識違いがあっただけ」「正確に言えば、アラブ人とイラン人は違うんだけどね」と、**相手が自分の間違いを訂正できるような「処方箋」を出すように伝えれば、問題ない**でしょう。

池上　処方箋というのは言い得て妙ですね。「正確な言い方」が、その処方箋になります。

佐藤　これはニュースキャスターが非常にうまいですよね。こちらがとっさに言い間違えたりしたことを、あとからさりげなく正確に言い換えてくれる。

池上　**ゲストが間違えたことを言ったときに、その人が言っていることのオウム返しをしつつ、間違えたところだけ正しい言い方にさらりと直す。**

佐藤　池上さんはニュースの解説番組に数多く出演されていますよね。このテクニックを使う機会も多いのでは？

池上　そうですね。たとえば以前、ある番組でスーダンについて取り上げたときのことです。スーダンは産油国で、ちょうどそのころ、スーダンから石油を輸送するパイプラインの建設がニュースになっていました。その番組は一部クイズ形式だったので、「さて、そのパイプラインの建設を中心となって推し進めようとしている国はどこでしょう？」という出題になりました。ある出演者は「アメリカ」と答えましたが、それは間違い。

佐藤　スーダンは２０１１年7月、北側のスーダン共和国から南スーダン共和国が分離独立しました。最初にスーダンに油田を見つけたのはアメリカの企業でしたが、南北の争いが激化したことを受けて油田開発から撤退。その後、パイプラインの建設事業に乗り出したのは中国だった。しかし番組内のクイズとはいえ、そこで「はい残念、不正解です」とやってしまうと場の空気が悪くなりますよね。

池上　そうなんです。だから、私は「スーダンに油田を見つけたのはたしかにアメリカの企業なのですが、油田の開発を進めたのは別の国。じつは中国なのです」という言い方をしました。「アメリカ」というのは出題への答えとしては不正解でしたが、「たしかに最初に油田を見つけたのはアメリカ」と返すことで、「アメリカ」と答えた回答者の顔をつぶさなかったのです。

数字の誤りは「約」で丸める

佐藤　相手が数字的な間違いをしたときには「約」も使えますね。たとえば相手が「中国の人口は12億7000万人にも上る」なんて言ったら、こちらは、何か古いデータを見ているんだろうなと思う。しかし、そこでぴったりした数字を言うと露骨に間違いを指摘することになるので、「そうですね。おっしゃる通り中国の人口は莫大で約14億人ですからね」と伝える。

池上　それほど厳密さが求められない場合ならば、「約」はたしかに便利ですね。数字を丸めてしまうことで、間違いをはっきり指摘しないで済みます。

佐藤　おそらくこれは、ニュース番組で言うところの「お詫びと訂正」ではなく、「訂正」のみにすることが、聞く方の腕の見せどころだと思います。

池上　これは、ニュース番組で間違いを訂正する場合、基本的には、自分たちのほうで間違いに気づいたときは「訂正」のみ、視聴者からの指摘があって訂正するときには「お詫びと訂正」となるという話です。

佐藤　つまり「お詫びと訂正」というと、「ああ、人から指摘されて訂正したんだな」というニュアンスになる。**一般的な場面でも、「そこ、間違ってますよ」と指摘して相手を「すみません、間違えました」という「お詫びと訂正」の気持ちに追い込むのは、得策ではありません**ね。だから間違いを指摘するのではなく、さりげなく正確な言い方をして、相手がみずから気づくように水を向ける。「訂正」だけで済むようにしてあげることが重要です。

池上　おそらく多くの人が感じているように、面と向かって言い間違いを正すというのはかなりセンシティブな問題です。伝え方によっては角が立ち、その後の関係性にも悪影響を及ぼしかねません。相手の話を聞いていて「あ、そこは間違いだな」と思ったときに、どう対処するか。決して礼を失しない作法を身につけておきたいところですね。

第5章　まとめ

相手をのせる上手な聞き方 7つの心得

心得 1 ／ 身振り手振りだけでも「関心をもって聞いています」といったメッセージを伝えることができる。

心得 2 ／ 相手の意図がわからなかったとき、「はい？」という表情をすると、直接質問するより角が立ちにくい。

心得 3 ／ 「おっしゃる通りです」は、連発すると相手に取り入りたがっていると思われかねず、逆効果になる。

心得 4 ／ きちんとした言葉遣いは大切である一方で、厳格なルールにとらわれすぎる必要はない。

心得 5 ／ 敬語には「裏側の関係性」を外部から見えなくさせる機能がある。

心得 6 ／ 言い間違いは、その場で指摘してはいけない。後に続く言葉で、さりげなく「正確な言い方」を添える。

心得 7 ／ 数字に誤りがある場合は、「約」を使って言い換えることで、間違いを指摘せずに済む。

第 6 章

修羅場を乗り切る伝え方

本性は修羅場で現れる

謝るべきでないところは謝らない

池上　世の中にミスをしない人間はいません。となれば、思わぬところで人を傷つけてしまったり、間違ったことをして人に迷惑をかけてしまったりした**苦しい局面でこそ、本当の人間性が現れる**と言ってもいいでしょう。

しかし、この謝罪というのがまた、多くの人にとって難しいようです。私たちは、無意識のうちにプライドを守ろうとしてしまい、素直に間違いを認めて謝るということがなかなかできないものですから。

佐藤　間違いを認めて謝ると自分の立場が危うくなるから謝らない、というケースも多いですね。その最たるものは政治家でしょう。たとえば「世間をお騒がせして申し訳ありませんでした」は、裏を返せば「騒ぐあなたたちが悪いのであって、私は間違っていない」、「誤解を招く表現をして申し訳ありませんでした」は「自分はそんなつもりで言ったわけじゃない。誤解をした人たちが悪い」ということです。このように謝罪の言葉は述べつつも、自分の間違いは認めない、つまり本当は謝っていないという、定番の言い回しがいくつもありますね。

池上　聞いているほうとしては「いや、あなたが間違っているから世間が騒いだんだ」「いや、あなたが言った言葉のまま受け取っただけで、誤解なんかじゃないでしょう」と言いたくなる。

佐藤　政治家は責任を取って辞めなくてはいけなくなるから、どうしても、こういう言い方になりがちです。他方、我々一般人の場合はもっと単純な話で、こちらがミスをしたらすぐに謝る。シンプルですが、これに尽きます。

池上　基本中の基本ですね。**謝るのが遅くなれば遅くなるほど関係がこじれやすい**というのは、どんなケースにおいても同じです。

佐藤　はい。池上さんがおっしゃったように、プライドを守ろうとして素直に謝れない人もいるのかもしれませんが、そもそもミスを認めて謝ったところで自分のプライドは少しも傷つかないと考えてほしいですね。そのためにも意識したいのは、「自分は何について謝っているのか」を明確にすることです。謝るべきポイントをはっきりさせれば、このたびのミスも謝罪も自分という人間の尊厳とは無関係であるという認識に変わるでしょう。

池上　とくに日本人に言えることなのかもしれませんが、素直に謝られると、それだけで人は何となく納得して、何となく許してしまうものです。そういう意味では、謝ることは危機管理の一手段といっていいでしょう。

予期せぬ謝罪は文面を残さない

池上　ビジネスではときとして、自分が悪いわけでなくても「謝っておいたほうがいい」という場合もありますよね。

理不尽に思えてもさっと謝ってしまったほうが、話が早い。謝ることが相手に及ぼす心理的作用を利用するという、いわば戦略的な謝罪です。

佐藤　**謝ることで自分が大きな不利益を被らないのなら、そこは謝っておけばいいの**ではないでしょうか。

「いやあ、悪かった、悪かった（運が悪かった）」と。「謝れ」と言われたから謝るけれ

佐藤流・失敗しない謝罪の極意

①不利益を被らないなら、
こちらに非がなくても謝る

②ミスをしたらすぐ謝る

③何が間違っていたかを明確にする

④謝る「主語」はあえて曖昧にする

⑤急な謝罪は文面など「証拠」を残さない

ども、頭を下げながら心の中では舌を出している。これも政治の世界ではよくあることですよ。

池上 きれい事だけでは済まされないのが、世の常です。

謝罪の基本は① 「ミスをしたらすぐに謝る」② 「何がどう間違っていたのかをはっきりさせる」こと。

ただし、物事をスムーズに進めるために、かたちだけの謝罪が必要になる場合もあるというのは頭の片隅に置いておくといいかもしれません。

佐藤 ひとつ注意点を挙げておくと、そういう**突発的な謝罪は、決して文書に残さないこと**です。

なぜなら、そういうときは逆に「何について謝っているのか」を明確にすると確実に不利になるから。文書だと、どうしても「何について」に触れなくては不自然なので、口頭で曖昧に「このたびは申し訳ありませんでした」「すみませんでした」と言うぐらいにとどめておいたほうがいいのです。

相手の嘘には「逃げ道」を作る

「嘘の動機」から、真の狙いを見抜く

池上　いろんな人と付き合っていると、嘘をつく人と出会ってしまうこともあります。すぐに「これは嘘だな」とわかる場合もあれば、あとから「え、あの話、嘘だったんだ」と判明する場合もある。ちょっと見栄を張って、自分の手柄話にありもしないエピソードを上乗せするなど、罪のない嘘ならば、まだかわいいものです。しかし、こちらに実害が及びかねないような嘘をつく人となれば話は別ですよね。基本的には嘘をつくような人とは付き合わないほうがいいと思いますが、佐藤さんなら読者にどうアドバイスしますか？

佐藤　付き合わなくて済むのなら、もちろん付き合わないに越したことはありませんね。ただ、**仕事上付き合わざるを得ない人が嘘をついている場合は、「なぜこの人は、**

こんな嘘をついているんだろう」と考えてみることが大事です。

池上　嘘をつかざるを得なくなっている動機、たとえば相手が抱えている事情や背景を推測してみる。

佐藤　はい。世の中には息を吐くように嘘をつく人もいます。そういう人は論外として、多くの場合、人が嘘をつくときには、嘘をつくだけの「内在的論理」がある。会社のために嘘をついているのか、保身のために嘘をついているのか、あるいは自分を大きく見せるために嘘をついているのか、など。そういう**「内在的論理」を見抜くことで、交渉事などをこちらの有利に運べる**ことも少なくありません。

池上　だからこそ、相手が嘘をついていると気づいても、その場ではひとまず指摘せずにおく。

佐藤　そうです。あえて見過ごすといってはなんですが、**抜け道を作っておいて、なぜそんな嘘をついているのか、その嘘を利用する手立てはあるか、と考える時間をもったほうがいい**でしょう。ただし、いくら考えても、その嘘をつく合理的理由が見当たらない場合は、要注意人物です。動機のない嘘がいちばん怖い。繰り返しになりますが、息を吐くように嘘をつくという、性格に欠陥がある人かもしれません。

池上　そういうタイプの人は、たとえ仕事上でも距離をとったほうがいいですね。何かしら理由をつけて担当者を替えてもらうとか、なるべく接触せずに済むようにしたほうがいいでしょう。

聞いた話を「ノイズ」と「インフォメーション」に分ける

佐藤　情報の世界では、ある嘘の情報がなぜ必要だったのかも知っておいたほうがいいという考え方もあるのですが、私の経験を踏まえると、それは間違っています。嘘の情報はノイズであり、ノイズは遮断するに越したことはない。**あちこちから入ってくる話を、まず「ノイズ」と「インフォメーション」に分けることがインテリジェンスの要諦なのです。**

池上　それは外交や諜報という特殊な世界の話ですが、一般的にも、除外すべき「ノイズ」と、取り入れるべき「インフォメーション」に分けるという発想は役立ちますね。

佐藤　何事にも素人と玄人の違いというものがあります。政治家とは違う一般的な人々は、いわば「生活のプロ」ですから、たとえばアベノミクスで経済が上向いたという政府の言説は、自分の生活実感に照らしてどうか考えてみればいい。

池上　いくら日経平均株価が上がっていようと、自分の給料は上がっていない、生活もぜんぜん楽になっていない、だとしたら生活のプロとして、政府の言説のほうに欺瞞《ぎまん》があると考えていいわけです。

佐藤　株を持っていない人の場合は「ノイズ」とまではいいませんが、日経平均株価を根拠に「経済が上向いている」というのは、そのまま真実として受け入れていい「インフォメーション」ではない。一事が万事で、「本当にそうだろうか」と自分の感覚に照らして考えてみて、「なんか違うな」と思ったら怪しまないといけません。

好かれるだけが能じゃない

何があっても近づいてはいけない人

佐藤　対人関係というと、相手とどうやって打ち解けるかを一生懸命考えがちですが、距離を詰めるだけが能ではありませんよね。世の中には、そもそも深く付き合ってはいけない人もいる。そういう人と出会ってしまったら、一定の距離を保つテクニックも必要です。

池上　はい。たしかにどうにも素性が知れなかったり、前項でも触れられたような動機不明の嘘をついたりする人とは距離を置いたほうがいい。

佐藤　それに加えてストーカー体質の人です。多くの人は他人事だと思っているかもしれませんが、親しくなった人が、あるとき豹変してストーカー行為を働いてくるというのは、じつは、いつ誰の身にも起こり得ることなんです。

池上　ストーカーというと男女の問題と思われがちですが、社会人同士でも充分あり得る。

佐藤　たとえば経営者セミナーで出会った人に、ほんの社交辞令のつもりで「今度、ぜひ一緒に事業をやりましょう」と言った。すると、しばらく後、自分の事業が成功しているところへ、その人から「お前、一緒に事業やろうって言った話はどうなったんだ」と執拗に連絡が来るようになった。次第にエスカレートし、「家に火をつけてやる」といった脅迫メールまで来るようになったので警察に相談したけれど、まともに取り合ってもらえない。結局、事業をたたむことにして、しばらく精神的に病んでしまった――これは小早川明子さんという方の著書『「ストーカー」は何を考えているか』（新潮社）のなかで挙げられている実例です。

池上　ただし、ビジネスの場では幅広く親交を深めることも仕事のうちです。最初から相手を疑ってかかるわけにもいかないし、線引きは非常に難しい。

佐藤　予防策としては、まず**「この人、なんだか怪しいな」と思ったら、その直感を信じること。**そういった勘は高確率で当たります。と同時に、**社交辞令は軽々しく口にしないこと。**誰とでも親しくなろうとハードルを低くするのではなく、ある程度、相手を選別し、優先順位をつけることも必要です。

池上　「今度、一緒に何かやれたらいいですね」「近々、ご飯でも行きましょう」というのは、たいていはリップサービス、あるいは挨拶程度の言葉で、十中八九、実現しないと相場が決まっています。だけど、なかにはそれを真に受けて「じゃあ、いつ打ち合わせします?」「じゃあ、来週なんてどうですか?」と詰め寄ってくる人もいるので、そういうことはうっかり口に出さないほうがいいですね。

「社交辞令」の見分け方、伝え方

佐藤　「近々、ご飯でも行きましょう」というのが本気だったら、その場で手帳を出して、日程を決めにかかりますよね。だから**自分が会食の誘いを受けたときには、相手がすぐに手帳を出してくるかを見れば、相手の本気度がわかる**わけです。

池上　手帳が出てこなくても、「じゃあ来週はどう?」「来月はいつごろ空いてる?」という話になれば、これは相手が本気でご飯に誘ってくれてるんだなと思っていい。ならなければ、社交辞令だと思って受け流す。ところが、ここでまた立場を変えて考えてみると、自分は社交辞令のつもりで言っているのに、相手のほうがおもむろに手帳を出

佐藤流・社交辞令の見分け方

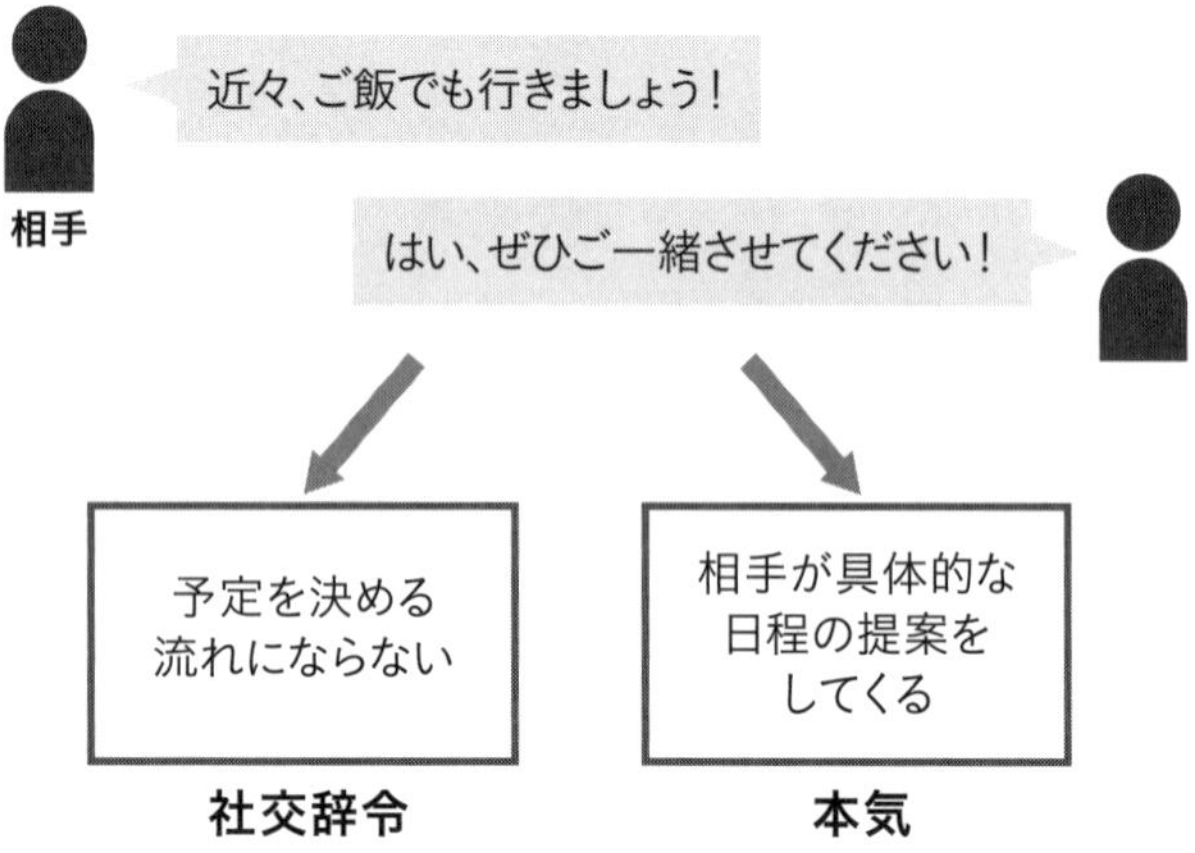
近々、ご飯でも行きましょう！
相手
はい、ぜひご一緒させてください！
予定を決める
流れにならない
相手が具体的な
日程の提案を
してくる
社交辞令
本気

してくることもあり得る。これはちょっと、まずい展開です。

佐藤　その点でうまかったのは小沢一郎さんですね。小沢さんは手帳をあえて持ち歩いていなくて、秘書にも「予定を聞かれても、絶対にその場で返答するな」と厳命していました。つまり、たとえ予定が空いていても必ずいったん持ち帰れ、と。なぜかというと、相手がどんな人かをしっかり見極めてから、付き合うかどうかを決めなくてはいけないから。誰に対しても1〜2日後に返事をするということを徹底していました。

池上　政治家は付き合う人間によっては身の破滅につながりますから、とくに神経質になりますよね。

佐藤　これはちょっと生意気なやり方ですから、小沢さんだからこそ通用した部分もあるとは思います。

ただ、自分を守るひとつの手立てとして、あまり深く付き合いたくないと直感的に思った相手から強引に誘われそうになったときには、**「まだちょっと予定が見えなくて……」とでも答えておいて、あとから断りの連絡を入れるというのはひとつの手**だと思います。

それと池上さん、名刺はどうしていますか。あまり好ましからざる人から「名刺交換させてください」と言われたときは？

池上　古典的な方法ですが、私は「すみません、ちょっと名刺を切らしていまして」とか「今日は名刺入れを持ってきていないんです」とかわしますね。

佐藤　役人の場合は名刺を出さないと問題になるので、外務省時代、私は、日本語とローマ字とロシア語表記で名前だけ書いた名刺を作っていました。それを通常の名刺と一緒に数枚、名刺入れに入れておいて、直感的にやばいなと思った人には、名前だけのほうの名刺を渡すようにしていたんです。

池上　それもかなりの防御になりますね。会社員の場合は、**会社から支給される名刺とは別に、名前と会社の住所だけで、メールアドレスや電話番号は書いていない名刺を別途、作っておくといい**かもしれません。

戦略的に距離を置く「マニア話」

佐藤　もうひとつ、相手と距離をとりたいときのテクニックを挙げておくと**「十八番のマニア話」をいくつかもっておく**ことですね。「好きなもの」の話を振られたら、私の場合、たとえば「それはなんと言っても陸軍の九九式双発軽爆撃機ですよ。あのスタイルのよさはもちろん、いろんなことに転用できるというのも素晴らしい。航空機のなかでは傑作だと思いますが、どうですか」なんて嬉々として話すと、「よくわからない人だ」と、向こうから離れていってくれます。

池上　賢いやり方ですね。ただし、マニアックな話がたまたま相手の趣味にドンピシャだった場合はかえって収拾がつかなくなります。

趣味が同じであっても深く付き合いたくない相手ならば、反応を注意深く確認しながら話題を選んだほうがいいでしょう。

佐藤　相手の好きそうな話をうっかり振ってしまわないよう、そこは気をつけたほうがいいですね。

「猫のエサの種類」とか「真空管」とか「洗濯用石鹸の香り」とか、何でもいいから「ちょっと変わった人」と印象づける鉄板ネタをもっておくということです。

結束を強める「いいケンカ」

もめごとにも価値がある

池上　人間関係というと、とかく、いかに「好かれるか」「仲良くなれるか」という点に意識が向くようですが、私が思うのは、そればかりが能ではないということです。

佐藤　人ともめることを極端に避けようとする人もいますが、思い切りぶつかったことで一気に親しくなる場合もありますよね。

池上　おっしゃる通りです。たしかに好感をもってもらえるようなテクニックがあるのなら駆使したくなるでしょうし、否定はしません。しかし何よりものを言うのは、結局のところ、こちらの熱意ではないか。ときにはケンカをも辞さないというくらいの真っ直ぐな姿勢が見えたときに、人は人に一目置くようになり、信用や信頼につながると思います。もちろん相手にもよるので、難しいところなのですが。

佐藤　交渉を一度クラッシュさせてから仲良くなるというのは、政治家がよく使う手です。どうしても折り合いがつかないときは、「あなたにも立場があるだろうから」といったん決裂させてしまってから、あとで仕切り直す。そういう芝居がうまいんです。かといって自分からケンカを売ればいいという話でもありませんから、これはケース・バイ・ケースですね。

真っ向勝負からはじまること

池上　私にはこんな経験があります。島根県のNHK松江放送局にいたころ、松江市で、車に人がはねられて死亡し、はねた車は逃走するというひき逃げ事件が発生しました。目撃者はゼロでしたが、現場に残されたブレーキ痕や車の破片から、走り去った方向や車種は割り出せます。

佐藤　ひき逃げで逃げ切るのはほぼ不可能といわれる所以ですね。

池上　はい。このときも早々に逃走車は特定されたのですが、逃げ切れないと思ったのか罪の意識からか、容疑者はその車で郊外の山からジャンプして自殺をはかりました。車は木に引っかかって運転者は無事。そこから深夜の山で、車を引き上げる警察の夜通しの作業が始まりました。たまたまそのことを察知できた私は現場に駆けつけ、写真を撮り始めました。ところが、この作業は内密で行われていたため、現場の捜査指揮官が激怒して私に詰め寄ってきました。撮影を妨害しようとする指揮官、それに負けじと現場にカメラを向け続ける私。その場でもみ合い、ケンカになってしまったのです。

佐藤　まさしく熱血記者時代のエピソードですね。そのあとはどうなったんですか？

池上　何とかカメラに収めた写真を放送局に届けましたが、私は腹の虫が治まらず、翌朝、その指揮官を訪ねました。「なぜ取材を妨害されなくてはいけないのか」と抗議するためです。ところが勇んで部屋に入ったとたん、その指揮官はのんびりした出雲《いずも》弁で「いやあ、ゆうべはがんばっとったねえ」と。

佐藤　それは相当な人たらしですね。池上さんも肩透かしというか、かなり意表をつかれたのではないですか？

池上　その通りです。この一言で一気に毒気を抜かれてしまった私は、以来、すっかりその人のファンになってしまい、仲良くなることができたのです。今にして思うと、下手に取り入ろうともせず必死にカメラを向け続けた私の心意気を買ってくれたのではないか。**自分が熱意をもってやっていることならば、もめることを恐れずに自分の姿を**

さらけ出すことで信頼関係が強まる場合もあると思います。

佐藤　もめたことを根にもつタイプが相手だと、かえって厄介ですけどね。

池上　そうですね。包容力のある人だったら、本当に腹を割って話せる間柄になれる可能性が高い。**好かれよう、気に入られようとばかりせず、とにかく真剣に向き合ってみることで築かれる信頼関係もある**わけです。

第6章　まとめ

修羅場を乗り切る伝え方
7つの心得

心得1／失敗した際、謝るのが早ければ早いほど許してもらえる可能性は高くなる。

心得2／謝罪の際には、「何がどう間違っていたのか」を正確に把握する。

心得3／突発的な謝罪では、くれぐれも文面など「証拠」を残さないように心がける。

心得4／相手が嘘をついたら、あえて「逃げ道」を作り、その嘘を活用する手立てを考える時間を設ける。

心得5／聞き出した話は「ノイズ」と「インフォメーション」に分けて考える。

心得6／相手から誘いを受けた際、すぐに今後の予定を決める流れになった場合は「社交辞令」ではなく「本気」。

心得7／あまり親しくしたくない人には「十八番のマニア話」を振ると、相手の方から距離をとってくれる。

第 7 章

誠意を伝える書き方

書き方も過渡期にある

「様」か「さま」か？

佐藤　人間関係は複雑なものです。プロトコル（礼儀作法）とは、その複雑な人間関係を少しでも円滑にするために、何が作法で何が不作法かをあらかじめ定めておこう、という目的のもと定められたと言ってもいいでしょう。

池上　要するに**スタンダードな「型」を決めておいて、その「型」に収まる範囲内で振る舞っていれば人間関係の第一関門は突破。**次に進めるというわけですね。

佐藤　しかし時代の変化とともに礼儀作法も変わる。これは言うまでもありません。「書き言葉」の礼儀作法も例外ではない。たとえば最近私がよく感じるのは、メールの宛名の書き方が変化しているということです。名字だけ書かれているメールや、「様」ではなく「さま」と書かれているメールが非常に多い。メールどころか封書ですら、「佐藤様」「佐藤先生」と名字だけ書いて送ってくる人もいます。60代・元役人の私の目には非常に奇異に映りますが、**宛名のマナーも過渡期にある**のでしょう。

池上　**宅配便の宛名の書き方でも、新しいマナーを見かけることが増えていますよ。**宅配便の伝票には、発送元にも発送先にも「様」と印字されていますよね。ところが、たとえば編集者から宅配便で原稿などが届いたときに、ふと伝票を見ると発送元の「様」がわざわざ2本線で消してある。さらには発送先欄の「池上 彰様」の「様」に2本線を引いて「先生」と手書きで書かれていることもあります。

佐藤　結婚式の招待状などで「ご住所」の「ご」を消すような感覚でしょうか。

池上　おそらくそうでしょう。さらに複雑なのが、原稿などを返送するために同封されている伝票です。私の手間を省くために、編集者が発送先に自分の住所と名前を書いておいてくれるのはいいのですが、印字された「様」を消して「行」になっていることがある。そうなると私も見過ごせませんから、「行」を消して「様」にする……という、よく不思議なやり取りをしているんです。

佐藤　封書の場合、返信用では宛名を「行」にし、返送する人が「行」を消して「様」に直す。そのマナーが宅配便の伝票にも適用されているわけですね。

敬称の書き方の極意

◎ **池上 彰 様** → 基本形。どんな相手にも通用する

名字＋名前の後に「様」をつける

△ **池上 様**
池上 さま
池上 彰 さま → 間違いとは言えないが、相手によっては奇異に映る可能性がある

名字だけの後に「様」、「さま」、もしくは名字＋名前の後に「さま」をつける

× **池上 サマ**
池上 彰 サマ → マナー違反と受け取られる可能性が高い

末尾に「サマ」とカタカナで記載する

池上　伝票は運送会社が作っているものので、運送会社からすれば送る人も受け取る人もお客様なのだから、何もそこまでしなくてもいいんじゃないかと思うのですが……。

佐藤　是か非かはともかくとして、社会に定着すれば、それがその時代のマナーということになる。やはり過渡期にあるということで柔軟にとらえていいところだと思いますが、気を配るべきポイントはありますよね。相手が従来の形式を重んじる人だったら、やはり宛名は名字だけではいけないし、「さま」ではなく「様」にしたほうがいい。片仮名のサマは避ける。**「あれ、この人、大丈夫か**

な」と無用な不信を買わないためにも、ちゃんと基本の型を知っていると示すことも大切です。

池上　そうですね。過渡期にあることはたしかですから、人から来たものには、いちいち目くじらを立てないこと。ただ、自分が宛名を書くときには、まだまだ従来のマナーを踏襲したほうがいいでしょう。

「返信しない」のも、一種の返事

手紙もメールも「一方的行為」

佐藤　ところで池上さん、なぜ、メールに返信しないでおくと「返信はまだでしょうか？」っていう問い合わせがくるんでしょう。手紙だと「返信はまだでしょうか？」と言われることはないのですが。

池上　届いたメールを、いろいろと忙しかったりして2日くらい放っておいてしまうと「送ったメールは届いていますか」「お目通しいただけましたか」「いつごろご返信いただけますでしょうか」と送られてきますね。もちろんこちらが返信していないから問い合わせてくるわけですけど。

佐藤　**手紙も電話も、そしてメールも法的には「一方的行為」と呼ばれるものです。**つまり送信者が一方的に送るものなので、「いつまでに返信する」という約束が交わされていない限り、送られた側には読む義務も返信する義務もありません。しかし近年メールよりも手軽な、LINE や Facebook Messenger などのメッセージアプリが普及したことで、「早く読んでくれ」「早く返事をくれ」と、みんな、せっかちになっている印象があります。

池上 メールで返信しないのは LINE でいうところの「既読スルー」みたいに思われているのかもしれませんね。

佐藤 LINE の場合は、たとえばプロジェクトチームのグループラインでやり取りしている場合は返信しないまま放置するわけにはいきませんが、メールはまさしく一方的行為です。**自分がメールを受け取った側だったら、返信しないことを「ノー」の返信代わりとしてもいい**でしょう。もちろん「やる」と言ったのに音信不通になるという約束の不履行はご法度です。もしできなくなったのなら、きちんと事情を説明する。当たり前のことですけどね。

池上 逆に、誰かにメールを送って返事がこなかったら、それまでの話と思うことです。送信時にエラーメッセージが出なければ確実に届いているわけですから、「メールを読んだうえで返信してこないんだな」、つまり「私が送った提案はなし、ということだな」と考えたほうがいい。

「どうしても会いたい人」に何を伝えるか

池上　それでも、どうしても自分の提案について検討してほしい、会って話だけでも聞いてほしいという強い思いがあるのなら、やはり手紙を書くことでしょうね。メールと同じく一方的行為ではありますが、**メールばかりの今、直筆の手紙を送られただけで「それほど熱意があるのだな」と思ってもらえる可能性が高い。**

佐藤　手紙の今日的な希少価値を活用する。それもひとつの手ですね。もうひとつ挙げると**紹介者を通す**ことですよ。紹介というものは本来、軽々しくするものではありません。たとえば私が、よくわからない人や団体から「池上彰さんを紹介してくださいませんか」と言われても、絶対に話を通しません。実際、今までに99・9％は「私はあなたのことをよく知らないので」と断っています。たぶん池上さんも同様ではありませんか？

池上　当然です。紹介者の責任というものがありますから、下手に紹介して、もしも何か問題が起きたらと思うと、軽々しく紹介なんてできない。もともと私と長い付き合いがあって信頼している人ならなおのこと、よほど安心して紹介できる人にしか通しません。

佐藤　そうですね。つまり言い換えれば、それほど慎重にするものですから、紹介者を通せば最低でも相手に確実に話は聞いてもらえる。**メールや手紙で行き詰まったら、まず有力な紹介者に、自分の熱意を伝えることから試してみるといい**のではないでしょうか。

信頼を勝ち取る書き言葉

長い文章は刷り出して読む

佐藤　「ここぞ」というときには直筆の手紙が有効という話もありましたが、やはり日常的なやり取りはすでにメールが主流になっています。メールすら使わず、LINEやFacebook Messengerを使っている人も多いですね。そのせいもあるのか、メールの文面が荒れてきているなと感じます。

池上　たまに、驚くような誤字脱字のあるメールが送られてきます。おそらく、ダーッと文字を打って、しっかりと内容をチェックせずに送っているのでしょう。意味は通じるので意思の疎通はできるのですが、やはり「この人、大丈夫かな」と思ってしまいますね。

佐藤　池上さんも同じだと思いますが、本の原稿は必ず刷り出した現物を編集者に送ってもらってチェックしますよね。今はPDFで受け取って、パソコンのモニター上で読み、赤入れもPDFのコメント機能を使うという人もいるようですが、やはり**紙で確認するのがいちばん確実**だと思います。それはメールでも同様ではないでしょうか。

池上　そうですね。2〜3行くらいなら書いてすぐに送信してもいいのですが、**少し長いメールや込み入ったメールはいったんプリントアウトして読み返す。**あるいは1日寝かしたほうがいい。

佐藤　以前はしっかりしたメールを送っていたのに、最近は随分と荒れた文面を送ってくるなという人もいます。さりげなく聞いてみると、案の定プリントアウトをやめている、と。誤字脱字のみならず助詞の使い方や句読点などが妙だったり、論理展開が崩れていたり、いろいろなことに気づく。

池上　**一生懸命モニターで読んだものでも、いざプリントアウトして読むと、それまで気づかなかった誤字脱字や不自然な表現などに気づく**ものです。少し面倒でも、やはり一度プリントアウトして、じっくり読み直す。文面で信頼を勝ち取るには、当然ながら、きちんとした文面でなくてはいけない。この基本中の基本をまず守ることです。

小さな表現ひとつが分かれ道

佐藤 コンプライアンスの観点から、言葉や表現に気をつける。これも昨今では見過ごせないポイントです。

池上 昔から放送倫理として放送してはいけない言葉はありましたけど、近年では一般的にもその意識が広がっていますね。たとえばジェンダーの観点からすると、ビジネスマンはビジネスパーソン、営業マンは営業パーソンと表現しないといけない。

佐藤 **私は「彼ら」も極力使わないようにしています。日本語には、英語で言うところの「they」に当たる言葉がないんですよね。**「彼ら」とは言いますが、「彼女」という言葉がある以上、やはり「彼」は男性を指す言葉であり、「彼ら」は男性の集合ということになってしまう。対談やインタビューの記事でライターがまとめた原稿をチェックする際も、「彼ら」はなるべく「この人たち」や「そういう人たち」と修正するよう赤字を入れます。

池上 私もそうした細かい表現には気をつけています。ここでひとつ挙げると、「日本人」という言葉ですね。たとえば「私たち日本人には理解しづらい話ですが」などとは言わない。日本国籍でなくても、日本に住み、日本にいる観点から世界を見ている人もたくさんいます。この場合、「日本で暮らしていると理解しづらい話ですが」のほうが適切なのです。

佐藤　メールなど書き言葉で「この人はデキるな」と一目置かれるためには、こういう細かい表現ひとつにも気をつけたほうがいいでしょう。些細《ささい》なことだと見過ごされがちなところですが、気にする人は気にする。**自分としては何気なく使ったたったひとつの言葉のせいで、伝わるものも伝わらなくなってしまう**かもしれません。

第7章　まとめ

誠意を伝える書き方
7つの心得

心得1／スタンダードなプロトコルを決めておいて、その型に収まる範囲で伝える。

心得2／書き言葉も過渡期にあるが、基本の型を知っていると示すことも大切。

心得3／手紙、メール、メッセージアプリは「一方的行為」であり、返事がないのも一種の返事と心得る。

心得4／メールばかりの昨今、直筆の手紙は本気度を伝えるのに効果的。

心得5／メールや手紙で行き詰まった場合は、有力な紹介者に熱意を伝えるのも一手段。

心得6／PCで書いた文章は、印刷して読み返すと画面上では気づけなかった間違いに気づきやすい。

心得7／書き言葉の表現ひとつとっても、コンプライアンスの観点から慎重に選ぶ。

エピローグ

「言葉以外」で伝える力

TPOに応じた装い、身だしなみ

相手にゆかりのあるものを身につける

佐藤　ここまでの章でいろいろな場面での伝え方についてお話ししてきましたが、コミュニケーションにおいては**身だしなみや立ち居振る舞いなど「発する言葉以外の要素」も大きく影響します。**たとえば第一印象というのは数秒〜数十秒で決まり、覆すのは容易ではありません。私の外交官時代の経験からしても、やはり外見的な印象をよくすることには気を配ったほうがいいと思います。

池上　身だしなみ、装い、立ち居振る舞い、いずれも重要ですね。佐藤さんは外交官時代にどのような点に気をつけていましたか？

佐藤　これは基本的なことですが、いちばん気をつけていたのは**「臭い」も含めた身だしなみ**ですね。忙しいときには役所に泊まり込んで仕事をするので、数日間、シャワーを浴びていない。そういう時期にも、夜に政治家との会食が入ることがありますが、どんなに忙しくても必ずいったん家に帰って入浴するか、外務省地下のシャワールームで身体を洗って、着替えをし、髭《ひげ》を剃ってから行くようにしていました。

池上　会食に汗臭い体で、不精髭を生やしていくわけにはいきませんからね。

佐藤　はい。髭は朝に剃っても夜にはもう濃くなっているので、髭剃りは職場に常備し、かばんにも入れていました。ロッカーには必ず着替えと髭剃りを置いておけ、というのは外務省に入省してすぐに先輩から教わったことです。

池上　服装はどうでしょう。もちろんパリッとした背広だったとは思いますが、ほかに気を遣うポイントというと、どこでしょうか？

佐藤　役人として大切なのはその場に居合わせる相手より出過ぎないこと、目立たないことです。だから、ごく普通の白いワイシャツに、よくある柄のネクタイ、どこにでもありそうなドブネズミ色の背広、靴もそのへんで売っているような安いビジネスシューズ。ブランド品の類いはいっさい身につけませんでした。そうすると誰に気に入られるかというと、政治家です。外交官にとっては、自分が得た情報のエンドユーザーは政治家なので、どうしたら政治家に気に入られるかというのは、服装からして気を遣っていましたね。池上さんはどうですか？

池上　たとえば小池百合子都知事に会うときには緑を身につける、マツダに取材に行くときに使うタクシーはマツダ車を指定する、というように**相手にゆかりのあるものを選択するのは基本中の基本**ですね。でも、じつはこんな大失敗もあります。あるとき、ファーストリテイリングの柳井《やない》正さんとお会いするときに着て行ったタートルネックの服が、なんとユニクロではなく無印のものだった。さすがに「しまった！」と思いましたね。見た目はよく似ていますけれど、柳井さんなら気づいたと思います。本当にうかつでした。

佐藤　何かしら相手にゆかりのあるものを意識するというのは重要ですね。私もロシア駐在時代、ロシア共産党の人やロシア人の学者と会うときには、「ラーダの5型」というロシア車を、わざわざ自分で運転して行っていました。するとロシア人は「ソ連が崩壊してみんな経済的に苦しいというときに、経済大国で自動車産業も盛んな日本の外交官がロシア車を愛用している。これは我がロシア国家に対する敬意だ」と、好意的に受け止めてくれるわけです。

池上　そういうところでも、印象はかなり変わりますね。

佐藤　でもひとつだけ例外があって、クレムリンの高官に会うときには運転手付きでレクサスに乗って行くんです。ロシア車を自分で運転してクレムリンに行ったりしたら、「こいつ、大丈夫か。何も権限をもっていない人間なんじゃないか」となめられてしまいますから。

ときには着崩すことで、親しみを持たせる

池上　これは応用編になりますが、親近感をもってもらうという点では、言葉遣いと同様、多少は崩れていたほうがいい場合もありますね。初対面のときや大事なミーティングで信用を得たいときなどは、もちろん頭のてっぺんから足の先までピシッとしていないといけません。でも、「さあ、これから一緒にやっていきましょう」というところまで行っている間柄なら、**少しずつこけているところが見えたほうが「この人、ビシッと決めているようで、ちょっと抜けているところもあるんだな」となって、うまくいくことが多い。**

佐藤　人付き合いとは得てしてそういうものですよね。隙がないというのは、いってみれば鎧で完全武装しているんだと相手に見せること。だからこそ、どういうところで、

その武装を解いて隙を見せるかというのは応用編として重要になります。

池上　以前『ニュースセンター８４５』でキャスターを務めていたころ、靴底が剥《は》がれかけている靴を履いていたことがあります。別に歩くのには支障がなかったから取り替えなかっただけなのですが、あとから聞いたら、それで局内の好感度が上がったそうなのです。政治家でも、中曽根康弘さんが座禅を組む習慣があるということで、カメラの前で靴を脱いだら靴下に穴が開いていた。一気にみんな親近感を抱いてしまったというエピソードもありますね。

佐藤　靴下に穴というのは微笑ましくて親近感につながりますが、ズボンのファスナーが開いていて、そこからワイシャツが出ていた、なんていうのは笑えません。**崩れ具合もほどほどに**、ですね。

池上　それでは失笑を買って呆れられてしまいますね。ズボンの後ろからちょっとシャツが出ていた、くらいなら愛嬌があるのですが。

佐藤　あとは職業による違いもあると思います。たとえば外交官は、いつも極力相手に合わせるというのが鉄則です。でもジャーナリストは相手に合わせることもあれば、誰に対してもフラットに接するという意味で、総理大臣に会うときも路上生活者に会うときも、あえて同じようなラフな服装を選ぶこともあるのではないでしょうか。

池上 どのような取材かにもよりますけど、ジャーナリストでネクタイがちょっと緩んでいたりすると、「あまり身なりに頓着しない、仕事熱心な人」という印象になることはありますね。

佐藤 これは明確にマニュアル化できない部分なので難しいのですが、いくつかパターンがあるというのは、読者も心得ておいたほうがいいでしょう。

待ち合わせは「場所の特性」を利用

下座から出入口が見えるかどうかが要

池上　好印象をもってもらうための立ち居振る舞いのコツのなかでも意外と見落としがちなのは、相手と対面する前、つまり「待ち合わせ時」ではないでしょうか。

佐藤　面と向かっているときは、誰でも振る舞いに気をつける。しかし、その相手を待っている間の振る舞いというのは油断しがちです。

池上　たとえば取引先の人と喫茶店で打ち合わせするとき、自分は時間より少し前に行きますね。ところが、たいていの店で、上座は店の奥側のソファ席、下座は表側の椅子なので、下座に座ると店の入り口に背中を向けることになり、相手が店に入ってきたときに、すぐに気づけません。

佐藤　だからといってソファ席に座っているわけにもいかない。さてどうするか。

池上　下座に座っても出入口が見渡せる席があるような店、もしくは下座に座っても**出入口が見えるように鏡張りになっている店を選ぶ**こと。つまりどの店でもいいわけではなく、そういう店を選ぶための下調べが必要というわけです。相手にとってアクセスのいい場所か、ゆったり座れる店か、落ち着いて話せるような静かな店か、ということに加えて**「座った状態で出入口を確認できるか」というのも場所選びの基準**に加えるといいでしょう。

佐藤　鏡と言えば、私は外交官時代、喫茶店みたいな場所で待ち合わせするときは、テーブルにさりげなく鏡を置いていました。店の外で立って待っているというのも、相手によっては重圧を感じさせてしまいますから、やはり店のなかで座っていて、すぐに相手が来たことがわかる工夫をするのがいちばんいいでしょう。

池上　なるほど。「場所の特性」を利用する発想があれば、よりスムーズに打ち合わせに入ることができます。そういうちょっとした気遣いができるかというのが、対人関係ではものを言いますよね。

下座に座っても出入口が見わたせる店

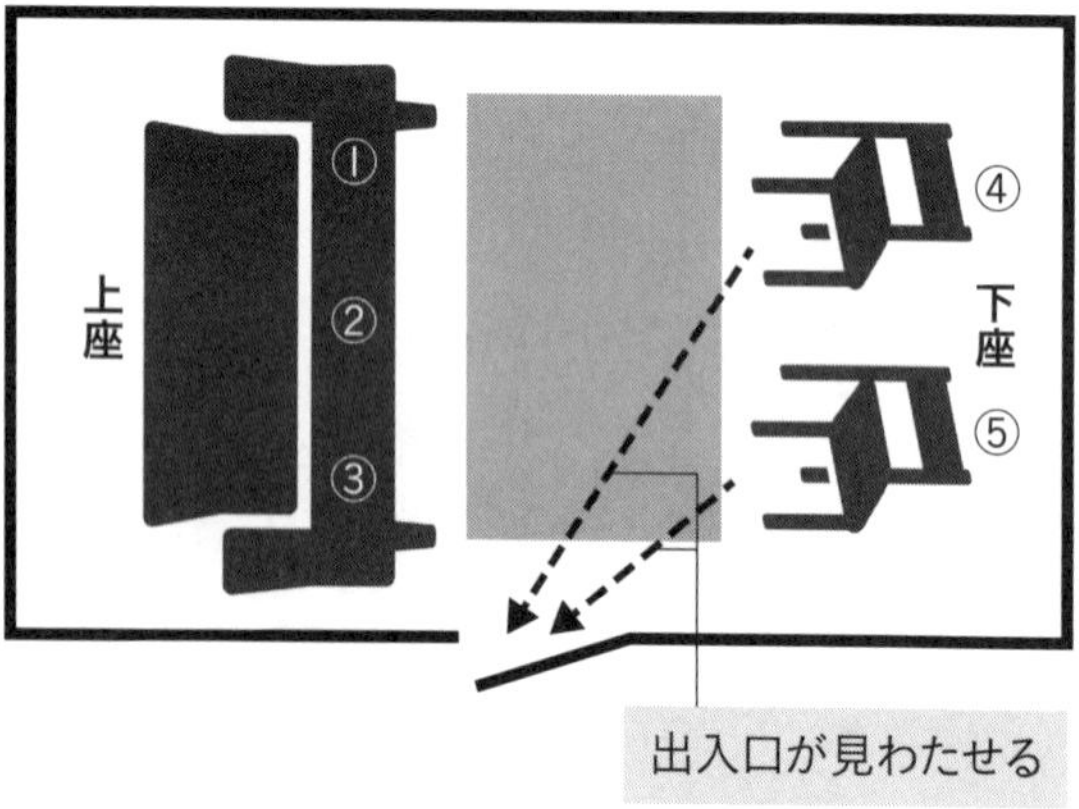

下座に座っても出入口が見えるよう鏡張りになっている店

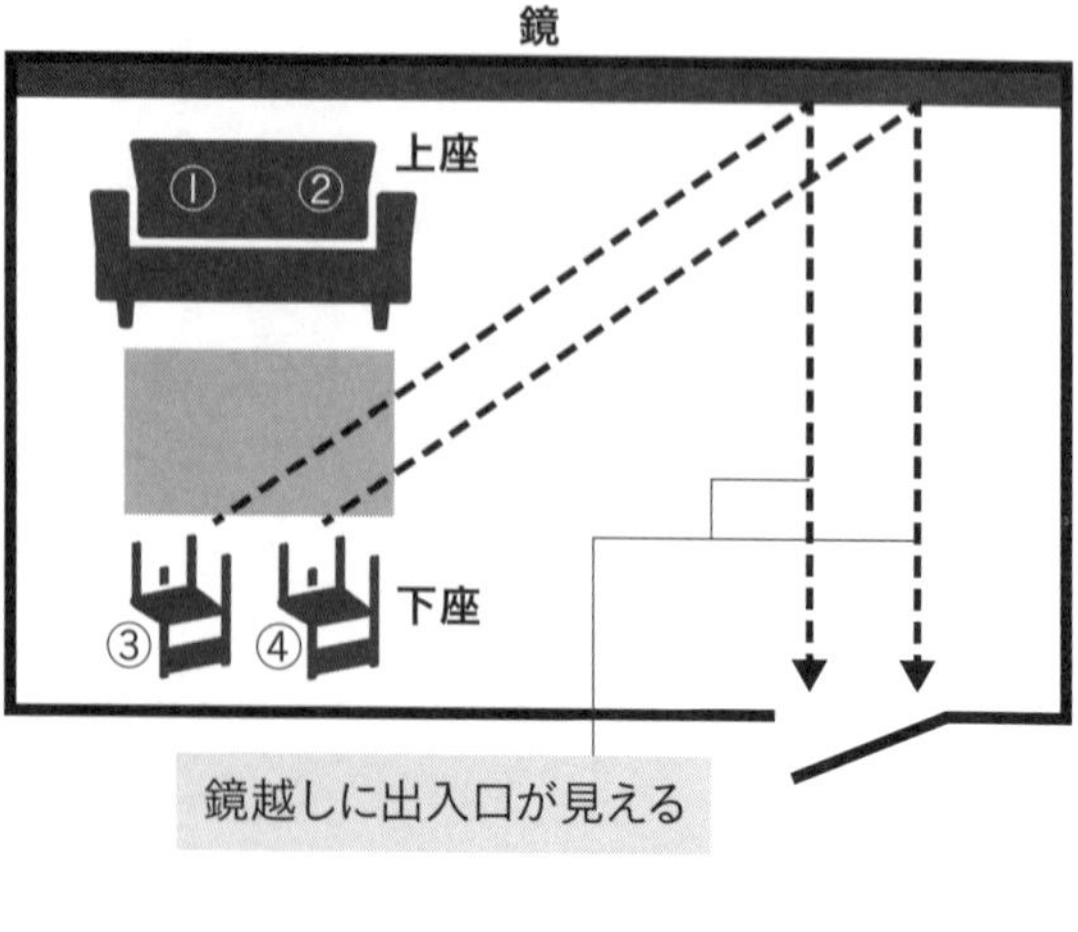

どこに座るかで、関係性をコントロールできる

池上　実際、私も編集者やテレビ局の人と喫茶店で打ち合わせすることがありますけど、よく、店に入ってキョロキョロ見渡していると店員さんが「いらっしゃいませ」と近づいてきて、「いえいえ、待ち合わせなんですけど……」なんていうやり取りになる。そういうタイミングでさっと打ち合わせ相手に来てもらえると助かりますね。

佐藤　それと、座る位置ひとつでも相手との関係性をコントロールすることができますよね。

池上　相手とどういう関係を築きたいかで座る位置を変えるというのも、じつは非常に大事です。一般的にテーブルを挟んで向かい合うと、あたかも労使交渉のように対立する構図になり、テーブルの角を挟んで斜め向かいに座るとグッと親近感が湧きます。だから**あまり仲良くなりたくない人と会うときは真正面に座り、仲良くなりたい人と会うときは斜め向かいに座ればいい。**

佐藤　それに続けて少しブラックなコミュニケーション術も紹介しておくと、少し距離をとりたい相手と会わなくてはいけなくなったら、人通りが多い吹きっさらしの場所

斜めに向き合う座り方で親近感が湧く

テーブルを挟んで斜めに
座ると自然と親近感が湧く

向かい合うと対立の構図に

を指定して、しかも10分くらい遅れて行く。なぜかと言えば、人の動きが多い場所においてはとくに時間が長く感じるからです。

池上　「ものすごく待たされた」という印象になって好感度が下がります。なるほど、あまり深く付き合いたくない相手の場合は、かえってそれが奏功するわけですね。

仕事の成果を決める「場所選び」

会合・接待にいい店、悪い店

佐藤　前項では打ち合わせに使う喫茶店選びの話が出ましたが、それ以外にも、場所選びの要諦はありますよね。どういう店はよくて、どういう店はよくないか、池上さんは何か見極める基準がありますか？

池上　これも基本的なことからいうと、**口の堅い店がいいですね。だから店の壁に有名人のサイン入り色紙がたくさん貼ってあるような店は、好ましくない。**要するに「こんなにすごい人が来ていますよ」とアピールしたくて貼ってあるわけですからね。「ここには、すごい有名人も来たりするんじゃないですか？」なんてちょっとカマをかけると、「そうなんですよ。先日も誰それさんが何々さんと一緒にいらっしゃいました」なんて、嬉々として話し出す店員さんがいますが、そういう店はもう行きません。

佐藤　宣伝のつもりが逆効果になってしまっている典型例ですね。

池上　そうですね。本当にしっかりしたお店は、「いえまぁ、おかげさまで……」というふうに言葉を濁して、決してそれ以上のことは言わない。大事な打ち合わせや取材のときは、そういう信用できる店を使うことが多いですね。佐藤さんも、会ったことを内密にしておきたいときは、場所選びにかなり気を遣うんじゃないですか？

佐藤　**会う場所はかなり重要です。まず、しっかり遮断されている個室があること。**表で張られていてもバレずに店から出られるように、表の入り口とは別に裏口があること。店員さんの口が堅いこと。これが信用できる店の3条件です。なおかつ私の場合は、念には念を入れて会合相手と一緒に入店せずに、時間差をつけて行く。

池上　かつて「料亭政治」という言葉があるほど料亭が愛用されたのは、料亭という場所が非常に便利だったからですよね。個室がいくつもあって、いろんな人たちが同じ時間帯に会合を開いている。政治家は部屋から部屋を渡り歩いて、食事が終わったら店を出る。すると、その政治家を追っかけていた記者たちが引き上げるので、しばらく後に、その政治家と密かに会っていた人がそっと店を出る……なんていうことが非常にやりやすかった。「料亭政治」のイメージがすっかり悪くなって、今では一般的ではなくなりましたが。

佐藤　一般的に、そこまで密室性を徹底しなくてはいけないケースがあるかどうかはわかりませんが、豆知識として覚えていてもいいでしょう。

池上　そうですね。いつか必要になるときがくるかもしれません。

佐藤　反対に、あえてオープンな場所を選んだほうがいい場合もありますよ。私の場合、たとえば自分のゼミにいる女子学生と2人で会うときです。オープンな場所と言ってもホテルのラウンジやレストランなどは避けて、庶民的なファミレスを指定する、ということです。そして、食事に行くときは必ず複数の学生を連れて行く。すべて、セクハラの疑いをかけられたり、その学生だけを優遇しているように見られたりするのを予防するためです。

池上　そうやって会合の透明性を担保しているわけですね。

「どこに泊まるか」「どこで食べるか」も評価を左右する

佐藤　仕事の打ち合わせや会食のために店を手配する場合、**どういう店を選ぶかで、自分という人間が品定めされると考えておく**といいと思います。外交官が高級ホテルに泊まるなんてけしからん、というようなことを言う人がいますが、これにも重大な意味があるんです。なぜなら、**どういうホテルに泊まっているかで、交渉相手は、その人にどれくらいに権限があるかを推し量るもの**だから。

池上　重要な交渉を担う人が三流のホテルに泊まっていたら、相手に見くびられてしまいますよね。

佐藤　はい。たとえばイランから迎えた外交官が三等書記官だった。「三等」と聞くと下っ端かと思いきや、じつは大使の代理を任命されるほどの立場、つまり大使館の実質ナンバー2なのです。だからイランの三等書記官は決まって高級ホテルに泊まる。そういうことが、肩書きからはわからなくても、泊まっているホテルで判断できるわけです。これは一般的なビジネスシーンでも言えることですね。

池上　出張に行くと決まって仕事相手から「今日はどちらにお泊まりですか?」なんて聞かれますよね。これは品定めされているんだと考えて、一人で泊まるからといって気を抜かないほうがいい。たとえば出張先で偉い人と会うことになって、対等に渡り合いたいと思うなら5つ星ホテルに泊まる。でも「若いのに生意気だ」などと思われそうだったら、あえて普通のビジネスホテルにする。ただ何となく選ぶのではなくて、そういう発想を持ち合わせておくことも重要だと思います。

佐藤　どこで食事をとるかというのも同様ですね。一杯四百円の牛丼屋さんを愛用していても、取引先の人との打ち合わせの後に「お昼でもご一緒しましょう」となったときに牛丼屋さんに行くというのは、さすがにまずい。ただし庶民的な店がいけないということではなく、これも相手次第です。たとえば海外のお客さんをラーメン屋さんに連れて行って、一緒に餃子をつまんでビールを飲み、シメにしょうゆラーメンを食べる、なんていうのは日本人の案内がないとなかなかできませんから、喜ばれる可能性があります。

池上　国内の取引先とでも、打ち解けてきたところで一緒に牛丼屋さんに行くということなら、親交を深めるきっかけになり得ますね。

佐藤　そうですね。つまり**飲食店の選び方も「守・破・離」の発想で、最初はきちんとした店を選びつつ、変形として、たまに庶民的な店に連れて行く**というのはやってもいい。この順序が逆になってしまうと、不快に思われる可能性があります。

池上　いつでも高級店を選べばいいというわけでもありません。時と場合、あるいは相手によって飲食店も使い分けるという選択肢を自分のなかにもっておくと、より豊かなコミュニケーションができるようになるでしょう。

エピローグ　まとめ

「言葉以外」で伝える力 7つの心得

心得1／身だしなみや立ち居振る舞いなど「非言語要素」がコミュニケーションに与える影響は大きい。

心得2／相手にゆかりのあるものを意識的に身につけることも、敬意を表現する方法のひとつ。

心得3／隙のない人とは打ち解けにくいもの。ときには着崩すことで、かえって親しみを持たれることもある。

心得4／「どんな場所で会うか」も印象を大きく左右する。下座から出入口が見える店を選ぶことが大切。

心得5／親しくなりたくない相手とは正面に座り、親しくなりたい相手とは斜め向かい側に座る。

心得6／どういう店を選ぶかで、自分という人間が品定めされると心得る。

心得7／店選びは「守・破・離」の発想。最初はきちんとしたところを選び、変化球としてたまに庶民的な店にする。

おわりに

かつて私が在籍していた外務省のある霞が関界隈には、このような言い回しがあります。

「いい人、いい人、どうでもいい人」

要するに、お人好しなだけでは大した仕事はできない、ということです。

いい人であろうと心がけるのは尊いことです。そうやって人と向き合い、良好な人間関係を築こうとすることも非常に重要。しかし残念ながら、「ただのいい人」がうまく渡っていけるほど、世の中というものは甘くできていません。とくに仕事においてはそうです。

人と互角に渡り合い、成果を出すために、「悪人」になれということでは決してありません。しかし、**「グレーな手口」が必要になる局面は多々ある**というのは、ぜひ本書を通じて覚えておいていただきたいと思います。

言葉とは便利なものです。こちらの伝え方次第で人間関係をある程度、自分でコントロールすることができる。ほしい情報を引き出すこともできる。あるいは態度や振る舞いを投入し、言外に「匂わせる」というのも対人スキルのうちです。

対人関係というと、とかく好かれるように、好かれるように、という方向に意識がもっていかれがちです。『嫌われる勇気』(岸見一郎・古賀史健著・ダイヤモンド社)と題された本が大ベストセラーになっているのも、普段どれだけ人が「好かれること」に心血を注いでいるかの裏返しでしょう。

世の中を見渡してみても、「嫌われてはいけない」というのが強迫観念のようになっていると思えてなりません。コミュニケーションのあり方そのものが大きく変わりつつある昨今ではなおのこと、「多少、嫌われてもいいか」くらいに気を抜く必要性を感じます。

もっといえば、**状況によっては「好かれてはいけない」ときもある**のです。

その相手は、好かれるべき人か、それとも好かれざるべき人か、しっかりと相手を見極める。

そして腹の底の知れない人、嘘をつく人、ともすればストーカーに転じかねないあぶない人、そういう人たちを無闇に近づけないためには、「嫌われる技術」を発動させなくてはいけないこともあるわけです。

私は性格的に人見知りが激しいほうで、人と交流することもそれほど得意ではありません。

公共交通機関を利用したり街中を歩いていたりすると、「佐藤 優さんですよね。本、読んでいます」などと話しかけられることがあります。

読者は私の大切な「お客様」です。私の本を読んでくださる方がいるというのは、このうえなくありがたいことです。だから何とか愛想よく対応しようと努めますが、正直に言うと、そんなふうに不意に話しかけられるのは、長らく作家生活をしていてもいまだに慣れません。

人と会うよりも、ひとりで本を読んだり飼い猫と遊んだりするほうが好きです。そんな私が、このたび「変化する時代における伝え方の指南書を」という出版社からの執筆依頼に応えることにしたのは、池上 彰さんとの対談共著である点におもしろみを感じたからでした。

池上さんは言わずと知れた「わかりやすい伝え方」の大家です。その方面のご著書も多くの読者に読まれているというのは、ここで改めて指摘するまでもないことでしょう。

しかし、『週刊こどもニュース』のお父さん役そのままの温厚で優しい人物像だけが、池上さんの姿ではありません。その根底では眼光鋭く客観的・実証的に真実を追求し、そのためには誰あろうと食らいついていく記者魂が静かに燃え続けているのです。

その池上さんとの対談共著なら、**一筋縄ではいかない対人関係の両面性――いわば人に好かれる「いい人的なスキル」と、したたかに立ち回る「グレーなスキル」の両輪を兼ね備えた「新しい伝え方の教科書」**としてまとめられるのではないか。

対談を終えてみてその予感は的中した、という確信を得ています。

佐藤　優

著者略歴

池上 彰（いけがみ・あきら）

1950年、長野県松本市生まれ。慶應義塾大学経済学部を卒業後、NHKに記者として入局。さまざまな事件、災害、教育問題、消費者問題などを担当する。1994年4月から11年間にわたり「週刊こどもニュース」のお父さん役として活躍。わかりやすく丁寧な解説に子どもだけでなく大人まで幅広い人気を得る。2005年3月、NHKの退職を機にフリーランスのジャーナリストとしてテレビ、新聞、雑誌、書籍など幅広いメディアで活動。2016年4月から、名城大学教授、東京工業大学特命教授など、9大学で教える。おもな著書に『伝える力』シリーズ（PHP新書）、『知らないと恥をかく世界の大問題』シリーズ（角川SSC新書）、『池上彰教授の東工大講義』シリーズ（文藝春秋）、『知らないではすまされない自衛隊の本当の実力』『世界から格差がなくならない本当の理由』『なんのために学ぶのか』（SBクリエイティブ）など、ベストセラー多数。

佐藤 優（さとう・まさる）

1960年東京都生まれ。作家、元外務省主任分析官。1985年、同志社大学大学院神学研究科修了。外務省に入省し、在ロシア連邦日本国大使館に勤務。その後、本省国際情報局分析第一課で、主任分析官として対ロシア外交の最前線で活躍。2002年、背任と偽計業務妨害容疑で逮捕、起訴され、2009年6月執行猶予付有罪確定。2013年6月、執行猶予期間を満了し、刑の言い渡しが効力を失った。『国家の罠』（新潮社）で第59回毎日出版文化賞特別賞受賞。『自壊する帝国』（新潮社）で新潮ドキュメント賞、大宅壮一ノンフィクション賞受賞。『人をつくる読書術』（青春出版社）、『勉強法　教養講座「情報分析とは何か」』（KADOKAWA）、『僕らが毎日やっている最強の読み方』（東洋経済新報社）、『調べる技術　書く技術』（SBクリエイティブ）など、多数の著書がある。

SB新書　536

伝《つた》え方《かた》の作法《さほう》

どんな相手《あいて》からも一目置《いちもくお》かれる63の心得《こころえ》

2021年 3月15日　初版第1刷発行

著　者　池上《いけがみ》 彰《あきら》・佐藤《さとう》 優《まさる》

発行者　小川 淳
発行所　SBクリエイティブ株式会社
〒106-0032　東京都港区六本木2-4-5
電話：03-5549-1201（営業部）

装　幀　長坂勇司（nagasaka design）
写　真　稲垣純也
本文デザイン　荒井雅美（トモエキコウ）
D T P　米山雄基
編集協力　福島結実子
編　集　小倉 碧（SBクリエイティブ）
印刷·製本　大日本印刷株式会社

本書をお読みになったご意見・ご感想を下記URL、
または左記QRコードよりお寄せください。

https://isbn2.sbcr.jp/07340/

落丁本、乱丁本は小社営業部にてお取り替えいたします。定価はカバーに記載されております。本書の内容に関するご質問等は、小社学芸書籍編集部まで必ず書面にてご連絡いただきますようお願いいたします。

ISBN 978-4-8156-0734-0

SB新書

世界を変えたウイルス。未来を生き抜く術は
コロナウイルスの終息とは、撲滅ではなく共存
池上彰＋「池上彰緊急スペシャル！」制作チーム

池上彰が本気で問う。学び続ける理由
なんのために学ぶのか
池上彰

「知の巨人」が初めて明かす知的生産術！
調べる技術 書く技術
佐藤優

世界を生き抜く術は『キングダム』に学べ！
武器を磨け
佐藤優［著］
原泰久［原作］

本だけが私たちに与えてくれるもの
読書する人だけがたどり着ける場所
齋藤孝

SB新書

地方を縛る「幻想」を振り払え！
まちづくり幻想
木下 斉

知られざる京都、48の発見
おひとりからのひみつの京都
柏井 壽

古代から近現代まで歴史の謎を解き明かす
新説の日本史
河内春人・亀田俊和・矢部健太郎
高尾善希・町田明広・舟橋正真

生まれた環境で人生は決まらない！
逆境力
パトリック・ハーラン
＋フジテレビュー!!「パックンと考える子どもの貧困」制作チーム

現代の「知の巨人」が教える学びの価値
人間にとって教養とはなにか
橋爪大三郎

SB新書

「1億総書き手時代」の書き方入門！
バズる書き方
成毛 眞

人生は後半戦が面白い！
賢く歳をかさねる人間の品格
坂東眞理子

その常識が子どもをダメにする！
スタンフォードが中高生に教えていること
星 友啓

日本一壮絶な宇宙への夢をかけた挑戦！
宇宙飛行士選抜試験
内山 崇

孤独の時間が豊かな人生をつくる！
ひきこもれ〈新装版〉
吉本隆明

SB新書

予測不可能な時代の学校選びとは
学校の大問題
石川一郎

コロナでテクノロジーの進化は10年早まった
2025年を制覇する破壊的企業
山本康正

アフターコロナの世界情勢を占う！
テレビが伝えない国際ニュースの真相
茂木 誠

日本人誕生の謎をさぐる
［新装版］アフリカで誕生した人類が日本人になるまで
溝口優司

お子さんの担任の先生は、大丈夫ですか？
いい教師の条件
諸富祥彦